金磚不只四國

More BRICs Out There

朱雲鵬 教授◎著

高寶書版集團

Rich致富館 104

金磚不只四國

作　　者：朱雲鵬
總 編 輯：林秀禎
編　　輯：陳怡君
出 版 者：英屬維京群島商高寶國際有限公司台灣分公司
Global Group Holdings,Ltd.
地　　址：台北市內湖區新明路174巷15號1樓
網　　址：gobooks.com.tw
E - mail：readers@gobooks.com.tw（讀者服務部）
pr@gobooks.com.tw（公關諮詢部）
電　　話：(02)27911197　27918621
電　　傳：出版部 (02)27955824　行銷部 27955825
郵政劃撥：19394552
戶　　名：英屬維京群島商高寶國際有限公司台灣分公司
初版日期：2006年4月
發　　行：高寶書版集團發行 / Printed in Taiwan

國家圖書館出版品預行編目資料

金磚不只四國 / 朱雲鵬著. --初版. -- 臺北市：高寶國際, 2006[民95]
面；　公分. -- (Rich致富館；104)

ISBN 986-7088-37-9(平裝)

1.經濟預測　2.投資

551.98　　95005480

【推薦序】

正視金磚四國與新興六強的崛起

江丙坤

金磚四國的崛起，是全世界所矚目的重要現象。從二〇〇一年到去（二〇〇五）年的五年間，金磚四國——巴西、俄羅斯、印度、中國大陸——的經濟成長均十分快速，其中印度每年平均成長六・四%，中國大陸成長八・八%，俄羅斯六・一%，巴西二・三%。誠如高盛證券在去年年底的最新報告中所指出，這五年間金磚四國對於全球成長的貢獻以名目美元來算達到二十八%，以購買力評價來算則超過一半，達到五十五%。這四國占全球貿易的比率，已達到十五%，是二〇〇一年的二倍。事實上，不僅金磚四國如此，就整個開發中國家來說，其占全球所得比重，以名目美元來看，去年已達到四分之一，以購買力評價來算，已達到一半。

開發中國家的興起，對世界經濟未來的走向有重大的意義。在生產方面，開發中國家以其低廉的勞動力，吸引眾多的廠商前來投資，成為世界的工廠或服務的供應者，加速生產的全球化。市場方面，開發中國家人口眾多，未來所得又提升的話，將成為各種消費品的重要市場，不但影響跨國企業的市場布局，也影響了許多重要產品的價格。在金融方面，開發中國家將成為越來越重要的投資標的，吸引資金進駐，其股票市場和債券市場將成為全球資產配置的要角。

在這種大趨勢之下，作為全球村的一員，我們不能不對這些重要的發展有所了解。本書的出版，對於想要更了解新興市場、開發中國家經濟成長的讀者而言，是一個福音。朱教授雲鵬兄是國內著名的經濟學者，其所領導的中央大學台灣經濟研究中心，每月發表消費者信心指數，已經成為一個各界都相當重視的經濟指標。去年朱教授參與《金磚四國關鍵報告》的出版，引起了廣大的迴響。現在，朱教授又以其這些年來的研究經驗和智慧結晶，寫了這本介紹新興國家成長的專書，非常值得推薦。這本書不是只有泛泛之談，而是有系統的蒐集和呈現資料，包含「整體競爭力」指標和「燈號圖」，值得閱讀、保存和收藏。本書所介紹的除了金磚四國以外，還有泰國、印尼、菲律賓、墨西哥、土耳其和南韓，這些都是值得大家深入了解的新興經濟體。

總之，個人非常高興來為讀者推薦此書。這本書的出版，會有助於提升知識和眼界，值得細細閱讀和品味。

【推薦序】

大錢潮與大機會

謝金河

二〇〇三年高盛證券（Goldman Sachs）發表了第九十九號報告，正式揭開全球投資金磚四國（BRICs）的狂熱。從二〇〇〇年迄今，俄羅斯股市從一三〇點狂漲到一五三一點，足足大漲十倍以上，巴西股市從八二二四點大漲到三九三九二點，也是大漲了三倍，如今正在奔馳中的印度股市衝過萬點，繼續衝向一一六四九點，而深滬ＡＢ股連跌四年，在二〇〇六年也創下年度最大漲幅，在香港掛牌的國企股更是從一三五六點大漲到六八七一點，表現一點也不遜於印度、巴西，「金磚四國」成為全世界掏金的天堂。

去年高盛繼續推出第一三四號報告，在金磚四國後尋找下一個十一國，這些年來從墨西哥、南韓、土耳其、巴基斯坦、埃及、奈及利亞等國股市也都形成飆漲之勢，儼然是接下金磚四國下一棒的明星。

朱雲鵬教授在金磚四國狂熱掀開序幕之初，即推出金磚四國的著作，引起洛陽紙貴的旋風。如今在「NEXT 11」即將開拔之前，朱雲鵬教授選定墨西哥、印尼、土耳其、南韓、菲律賓為研究焦點，同時再加上「NEXT 11」榜外的泰國進行深入研究，在目前泰國進入政爭危機之後，泰國正逐漸展現新投資機會，這新興六國，其中有四個是在亞洲，實在很值得探索金磚四國的神祕之旅後進一步深入拜讀。

從金磚四國含蓋了二十六億人口到「NEXT 11」注入了十二億人口的生力軍，這些年來，新興市場崛起，帶動原物料價格的飆漲，資源生產國經濟大躍升，這是人類有史以來財富最澎湃的時代，我們有幸身處在這個時代，在大錢潮帶來大機會當中，很高興有朱雲鵬教授引領我們窺探這十個新興國家的新魅力。

自序兼前言

二個因素讓我有動機寫這本書。一是我在大學教授經濟發展，重點之一是個別開發中國家經濟競爭力的養成、壯大、成熟、衰退或消逝。所有這些經驗，轉換成數字，或許只是影響到成長率幾個百分點，失業率幾個百分點，但對實際人民生活影響之巨大，超乎想像。經由長時間在繁榮和蕭條之間、快樂和痛苦之間、希望和絕望之間擺盪，不少開發中國家學習到寶貴的經驗，而在最近五年至十年趨向於穩定和進步。剛好最近國際機構也開始重視開發中國家的崛起，認清到在這些國家作生產、市場和金融資產布局的必要，有各式各樣相關的報告和書籍出版；讓我覺得將平時所教授的一些內容，寫成通俗文字的時機到了。去年因緣際會，參與了《金磚四國關鍵報告》一書的出版，獲得很多迴響；但金磚確實不只四國，還有許多值得介紹的經濟體，所以我們出了這本書。

第二個因素是新興經濟體崛起之後，許多朋友會來問有關於投資方面的問題；定存的低利率，讓許多人無法也不願繼續將資產留在傳統管道，但對其他管道又可能不得其門而入，或甚至上當受騙。以前我擔任公平交易委員，也擔任過消基會副秘書長，看到許多消費者受騙的案例，感觸很深；現在，金融產品消費者的數目增加了，牽涉專業、受騙的案例也日益增多，如何讓消費者獲得一些有用處的資訊，可以在定存低利率的環境下求生，是另外一個想要藉由本書傳達的訊息。

本書除了以最新資訊再度介紹金磚四國（巴西、俄羅斯、印度、中國大陸）外，又介紹了新興六強——南韓、土耳其、印尼、菲律賓、泰國和墨西哥。這些國家由悲劇、波動、危機，轉為穩定和興盛的過程引人入勝，可以作為我們各界的參考。

本書在方法上兼顧四個面向，一是透過資料的整理和消化，我們把各種資訊整合成「燈號」（紅燈、紅黃燈、黃燈、黃綠燈和綠燈），作為判斷個別國家中長期成長看好程度的綜合指標，讓讀者一目了然。二是特別重視公共制度面；我們設計了整體競爭力衡量分數，下分總體經濟、科技能力、公共政策、人力資本四個項目，來評判不同國家競爭力，相對於處於相同位階國家的位置。三是對個別經濟體的政治、社會和經濟的歷史演變作介紹，也考慮了最新發生事件的衝擊和影響，藉以了解其所累積的實力和挑戰。

在出書的過程中，要感謝的人和單位很多，在此特別要提出的是：感謝江副院長丙坤先生和謝社長金河先生所寫推薦文的加持；感謝高寶書版的熱心和行動力（尤其感謝陳怡君與張莎凌女士）；感謝張怡安女士在資料處理、研究分析和寫作方面的協助。當然，書中一定還有許多不足之處，也希望各界不吝指正。

台北（九五年四月）

目錄
Contents

目錄
Contents

印度

目錄

Contents

目錄
Contents

弭平印尼共產黨

強勢的蘇哈托政權

重回聯合國，同時解決國內財政及貨幣面的問題

採取自由化的政策，讓各國重拾對印尼的信心

身為產油國的印尼，化石油危機為轉機

貧富不均造成社會與政局的不穩

提升國家出口競爭力

亞洲金融風暴對於印尼的影響

不穩定的政局

經濟發展之不確定性較高

Chapter 1

乾坤大挪移：
已開發國家與開發中國家比重的異位

二〇〇三年，高盛證券發表金磚四國報告，分析巴西（Brazil）、俄羅斯（Russia）、印度（India）和中國大陸（PRC）四個新興市場的前景。由於此四國之字首為BRIC，英文唸起來和「磚塊」同音，所以有人將其翻譯為「金磚四國」。報告內提出了幾項驚人的結論：

第一，二〇二五年以前，金磚四國總國民所得將達到六大工業國（美、日、英、德、法、義）的一半。

第二，二〇四〇年，金磚四國巴西、俄羅斯、印度和中國大陸的國內生產毛額（Gross Domestic Product，簡稱GDP）總值將超過目前六大工業國（美、日、英、德、法、義），中國大陸的國內生產毛額也將超越美國。

圖一 高盛證券對二〇二五年金磚四國GDP所作的預測

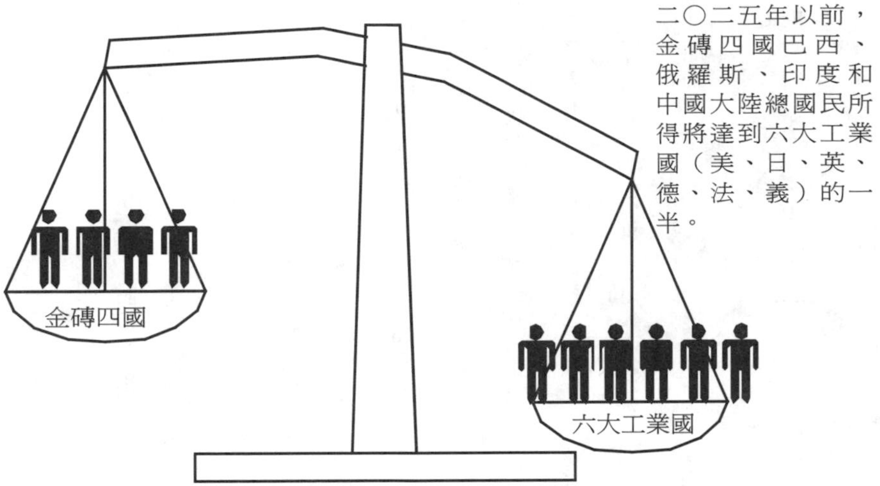
二〇二五年以前，
金磚四國巴西、
俄羅斯、印度和
中國大陸總國民所
得將達到六大工業
國（美、日、英、
德、法、義）的一
半。
金磚四國
六大工業國

圖二 高盛證券對二〇四〇年金磚四國GDP所作的預測

二〇四〇年，金磚
四國巴西、俄羅
斯、印度和中國大
陸的總國民所得將
超過六大工業國，
美、日、英、德、
法、義。
六大工業國
金磚四國

二〇〇五年底，高盛證券又再推出「N-11，the Next Eleven」新金磚十一國報告，選出全球十一個具有發展潛力的新興國家，分別是大韓民國（以下簡稱南韓）、孟加拉、埃及、印尼、伊朗、墨西哥、奈及利亞、巴基斯坦、土耳其、越南及菲律賓。高盛認為其中南韓與墨西哥二國將有實力與金磚四國抗衡。

以上預言是否會成真？我們或許可以從下列數據看出一些端倪。

據美國國際金融研究所（The Institute of International Finance）的資料，二〇〇五年流入新興市場的私人資本（包含實體投資、金融投資和銀行及其他機構借貸），總計超過三千五百八十億美元，刷新一九九六年三千二百四十億美元的紀錄。和二〇〇三年相比，成長率近六十％。

除了一般投資者外，近年來投入新興市場最重要的資金來源是機構投資，例如加州州政府的退休基金，以及耶魯、哈佛大學本身的基金，他們都是長期而非短打型的投資者。

至二〇〇五年十一月止，根據新興組合基金研究（Emerging Portfolio Fund Research）

公司統計，全球新興市場基金總資產規模達二五〇〇億美元，金磚四國基金的資金規模已達二八八億美元。其中，單單二〇〇五年，新興市場基金就吸入資金二〇三億美元，金額是二〇〇四年的五倍。這表示資金進入新興市場的速度在加快。

上述數字反映了國際研究機構及全球資金對新興市場的樂觀預期。值得進一步思考的是，作為全球化的一份子或是一位投資者，我們該如何看待開發中國家的崛起？又該特別注意那些重點？

回顧過去經濟發展的歷史，在西元一八三〇年之前，現在所謂「已開發國家」生產毛額的加總，遠小於目前所有「開發中國家」，就連一般作為衡量生活水準的平均每人所得，「開發中國家」的平均值也略勝於「已開發國家」。也就是說，如今我們稱美國、日本、歐洲等每人平均所得較高的國家為「已開發國家」，而稱多數中南美洲和亞洲等每人平均所得較低的國家為「開發中國家」。但在大約二百五十年前，開發中國家和已開發國家在世界經濟舞台上的地位是相反的，開發中國家的國民財富除了比已開發國家多之外，人民的生活水準也比已開發國家來得好。根據義大利學者百洛（Paul

Bairoch）的研究，若以一九六〇年的美元為單位，在一七五〇年，目前所有已開發國家的平均每人生產毛額（**GNP per capita**）為一八二美元，低於開發中國家的一八八美元。而就一七五〇年國民生產毛額來看，目前所有已開發國家的總國民生產毛額為三五〇億美元，而開發中國家的總國民生產毛額卻有一一二〇億美元，足足是已開發國家的三倍多（見表一）。

表一　開發中國家與已開發國家經濟規模的比較：一七五〇年

（單位：一九六〇年的美元）

	已開發國家	開發中國家
國民生產毛額	三百五十億美元	一千一百二十億美元
平均每人生產毛額	一百八十二美元	一百八十八美元

資料來源：Bairoch, Paul A.，1982年，"International Industrialization Levels from 1750 to 1980," Journal of European Economic History.

「已開發國家」和「開發中國家」命運式的交會——一切起因於工業革命

然而，情勢是會改變的。開發中國家經濟體系的逐漸衰弱，和已開發國家經濟的興盛富強，在十九世紀中產生了轉折性的趨勢交叉，而在二十世紀中達到最高峰。轉折的關鍵在於十八世紀末起源於英國的工業革命。工業革命起因於英國欲提升其紡織技術，隨後的技術發明和進步，除了讓英國紡織業的產量與出口量大幅擴增外，英國製造業整體的技術進展，更使得英國平均每人製造業產出增加。當技術傳播到法國、德國等其他歐洲國家，已開發國家經濟優勢的局面即大抵形成。根據百洛的研究，工業革命後一八三〇年至一八六〇年短短的三十年間，英國等發生工業革命的國家製造出大量廉價的產品，輸出到當時以印度與中國為首的開發中國家，摧毀了當地的製造業，後者經濟成長率應聲下滑，前者的經濟成長則一片大好。已開發國家的製造業產出成長了二倍，同一時間，開發中國家卻降低了三十%。這種消長所帶來的比重變化，在第二次世界大戰後的一九五三年達到最高峰，當時已開發國家占世界工業生產達到九成四，所有開發中國家只占六%。

從一九六〇年代開始，多數開發中國家經濟發展的腳步開始加溫，平均經濟成長率開始勝過已開發國家，二者之間的差距逐漸減少。不過由於二者規模差距太大，不大有人將此現象視為有重要性。當時在各主要經濟研究報告中，開發中國家僅僅是世界經濟舞台上的配角，各式研究與分析只需針對已開發國家，即可對全球經濟景氣作出預測。一直要到一九七〇年代石油危機導致油價暴漲及經濟重挫，開發中國家的經濟發展，才逐漸受到各界重視；當時購買石油的國家都得購買美元，高油價使得大量美元流入石油出口國；商業銀行把這些石油美元向拉丁美洲提供貸款，但造成一九八〇年代初通貨膨脹和貨幣危機，借貸人無力還債，使國際金融系統接近崩潰邊緣等問題；至此，從石油輸出國家組織（OPEC）所衍生出來的石油美元，才開始躍上金融市場的要角。但這基本上只侷限於OPEC國家，其他開發中國家的經濟發展情況依然未被關注。

「開發中國家」再度粉墨登場

多數開發中國家的成長在很長的一段時期不如預期，但近十年來，越來越多開發中國家的非經濟因素漸趨沈澱，「拼經濟」漸成為穩定的主流，經濟成長持續而明顯的上升。於是，與已開發國家工業生產的差距開始快速縮小，世界經濟舞台上的探照燈開始打在「開發中國家」身上。附圖中百洛的數值顯示，開發中國家和已開發國家製造業產出的差距從一九六〇年代開始減少，緩慢但很穩定的朝「再度交叉」點前進。根據英國經濟學人（Economist）報導，用購買力平價（purchasing power parity，簡稱PPP）的計算，二者差距的減少事實上從一九五〇年代就開始了，而到了二〇〇五年，事實上已經再度交叉了。也就是說，到了二〇〇五年，發展中經濟體的總產出占世界GDP的比例已超過五十%。如此快速交叉的主要原因是，開發中經濟體GDP的成長大約是全球GDP成長的一半。世界經濟的趨勢似乎已經走到一個新轉折點。

購買力平價

我們要比較不同國家的國民生活水準，例如平均每個美國人究竟比巴西人富裕多少，單用市場上的名目匯率不一定準確。窮國的物價通常比較低；同樣一美元，在巴西的購買能力，可能比在美國大得多。故一個較適當的方式是採用「購買力平價」的觀念，把價格差距的因素納入評量。尤其是，即使新興市場國家貿易商品的價格，由於進出口的密切，和已開發國家差距不大，但非貿易商品如餐飲、零售、房地產及其他服務業一般而言就低得多。所以，直接將貧窮國家的國民生產毛額依市場上的匯率直接轉換成美元，可能會低估該經濟體的規模和生活水準。因此，許多研究機構定義一個消費者所典型買的「一籃商品」，直接比較不同國家的價格，而後據以製作出「購買力平價」的匯率。若改用此匯率，許多經濟體的規模排名就大幅易位：美國仍為第一，但中國大陸躍升為第二，印度跳至第四，巴西、俄羅斯均超過加拿大。不過，在使用此指標時也要小心，不同物價水準有可能係反映品質差異，所以「購買力平價」匯率有可能產生偏誤；另外，隨著時間經過和所得水準的提升，也隨著市場匯率的調整，此匯率可能日益接近市場匯率，它本身往往是一個「移動的標準」，很難掌握。

圖三 發展中國家與已開發國家經濟發展的趨勢交叉

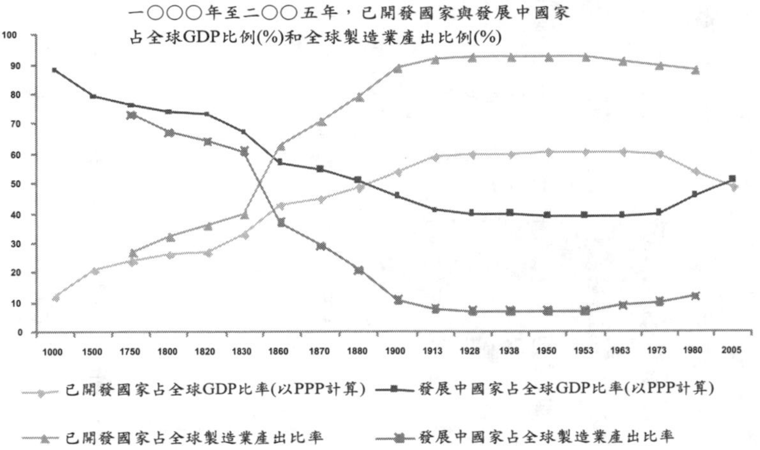

圖表資料來源：

一、國家占全球製造業產出比率：Paul A. Bairoch，一九八二年（見表一）。

二、國家占全球GDP比率（以PPP計算）：Angus Maddison，二〇〇一，The World Economy: A Millennial Perspective (Paris: OECD) 與經濟學人（Economist，二〇〇六年一月二十一日）。

註一：發展中國家與已開發國家占全球製造業產出比率數列中，一八二〇年、一八七〇年、一九五〇年數字為推算值。

註二：發展中國家與已開發國家占全球GDP比率數列中，一七五〇年、一八〇〇年、一八三〇年、一八六〇年、一八八〇年、一九〇〇年、一九二八年、一九三八年、一九五三年、一九六三年、一九八〇年等數字為推算值。

開發中國家急起直追的趨勢，迫使許多經濟分析要重作。特別是作經濟預測時，不得不納入開發中國家的需求。若沒有涵蓋新興經濟體的經濟發展速度和強勁成長的需求，對全球的景氣預測便容易產生誤判。最明顯的例子，就是各大能源機構、外資機構、投資銀行在預測二〇〇四年石油價格時所產生的誤判。

根據二〇〇三年四月「權威機構」美國能源資訊局（Energy Information Administration，簡稱EIA）的預測，美國進口平均油價二〇〇三年全年將為二七・一美元，二〇〇四年為二二・八六美元；到了二〇〇四年四月，對二〇〇五年平均油價的預測則是二六・三六美元。實際上呢？二〇〇三年為二七・七三美元，二〇〇四年為三六美元，二〇〇五年為四九・一八美元，現在則時常超過六十美元。為什麼實際數字會和這些專家預測的差那麼多呢？二個主要因素是：

第一，二〇〇四年全球經濟成長被低估，尤其是新興經濟體被低估得最嚴重。根據聯合國所公布的二〇〇四年經濟預測，二〇〇四年全球經濟成長率為三・七五%，而後聯合國將實際經濟成長率上修為四・〇%。此差距雖在可容許誤差範圍內，但其對新興市場的經濟成長率的預測誤差卻很大，其中以轉型經濟體國家（包含俄羅斯及東南歐）上修至七・一%，差距一・三五%為最大；開發中國家經濟成長率提高到六・二%，差距〇・九五%次之。可見當時研究機構對新興經濟體的經濟成長預測顯嫌保守。

第二，開發中國家的強勁成長，造成對原油需求超出預期。國際能源總署對二〇〇四年俄羅斯原油需求原先的預測是比二〇〇三年增加〇・八%，對中國大陸則預測增加六・一%；實際增幅皆較原預測為大，後來分別修正為三・一%及十五・四%。在錯誤的假設之下，二〇〇四年各能源機構、外資、投資銀行等專家機構均預測油價不會超過三十元美金一桶，與實際有很大的不同。

圖四　美國進口油價趨勢圖

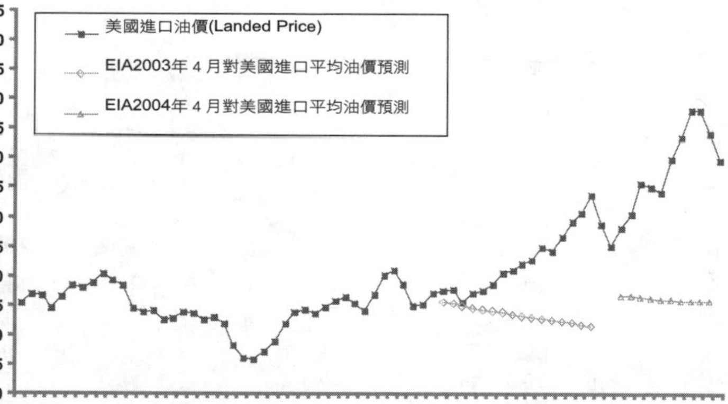

來源：美國能源資訊局。

一言以蔽之，一九九〇年代以前，各種有關價格趨勢、商品特色、外貿擴張的分析，基本上僅需考慮已開發國家，開發中國家經濟力量太小不足以牽動大局。可是到了現在，情勢已經不同。投資分析機構發現，過去作商品預測時，分析了已開發國家的情況就已足夠，開發中國家只需附帶作一些處理；現在開發中國家的實力已大到無法忽視的地步，分析預測的模型就得跟著改變。

金磚四國究竟是金，還是磚？

基於上述情況，投資機構開始重新思考，對開發中國家作更深入的研究，期間產生許多關於開發中國家經濟趨勢的報告，其中最著名的便是上述高盛證券所作的金磚四國報告。高盛在其報告中描繪了經濟發展史上一個重大的變化，同時也宣告了一個新世紀的來臨。

根據研究報告指出，至二〇五〇年，新興四磚巴西、俄羅斯、印度和中國大陸將均擠身全球十大經濟體之列，且多數排名在美、日、英、德、法、義等現行工業大國之前。此時，世界經濟強權重新易位，開發中國家在世界上扮演舉足輕重的地位。

高盛利用計量上的方法來估計四個開發中經濟體未來長期成長趨勢和國內生產毛額。其預測所採取的推論方法是「生產函數法」，也就是認定各經濟體以美元表示的國內生產毛額是由勞動、資本、生產力提升和匯率變動四個因素所決定。其報告結果是假設在未來五十年內，勞動、資本、生產力和匯率的狀況為：

- 勞動：四國勞動人口的成長趨勢，基本上是採用美國人口普查局（US Census Bureau）對其年齡介於年齡十五歲至六十歲勞動人口的預測。
- 資本：有關資本累積的速度，其假設金磚四國的投資額（資本增加額）占GDP的比率大致能維持最近幾年的水準，也就是巴西十九％，印度二十二％，俄羅斯二十五％，中國大陸在二〇一〇年前為三十六％，其後為三十％。
- 生產力：其假設美國長期生產力成長率為一・三％，而金磚四國長期的「均衡」則趨於約每年二％。金磚四國生產力提升的速度，與其每人所得離美國水準的距離成反比，離美國水準愈遠，經濟成長收斂速度（convergence rate）就愈快。經濟成長收斂速度的變動對於預測的結果有相當大的影響，例如降低中國大陸的生產力收斂速度三分之一，則對中國大陸未來五十年GDP平均成長率的預測將從四・八％降至四・三％，且二〇五〇年的GDP水準預測將大幅減少三十九％。

・匯率：假設實質匯率將由各發展中國家相對於美國的經濟生產力來決定；金磚四國的貨幣相對於美元之匯率將會隨每人所得的增長而漸次升值，預

圖五　發展中國家與已開發國家之間的收斂關係

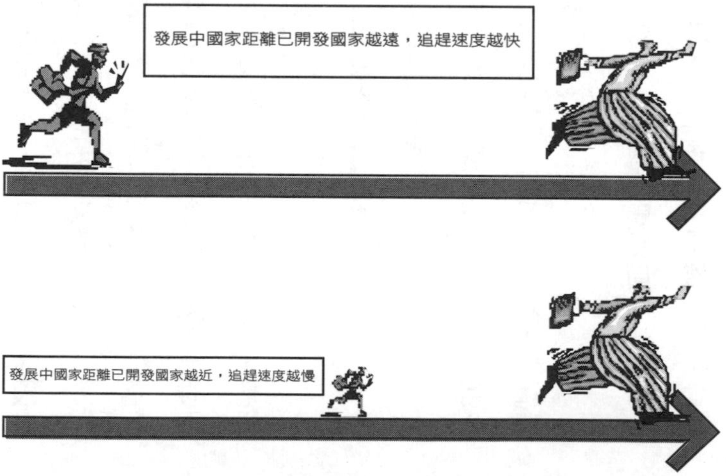
發展中國家距離已開發國家越遠，追趕速度越快
發展中國家距離已開發國家越近，追趕速度越慢

計未來五十年約升值三倍，平均每年升二・五%。

根據高盛的假設和模型推論，這樣的轉變代表了長期趨勢的轉向，新時代的來臨，而非僅是短期的波動。這個趨勢意謂著上文所述一八三〇年至一八六〇年的經濟交叉，經過二百年後的發展，再度轉折交叉回來。這在經濟發展史上並非特殊事件，就經濟學上的收斂假說而言，許多研究指出開發中國家不需要面臨自己發展尖端科技的壓力，而可以利用早期先進國家開發出來、已經趨於成熟的技術來生產，再加上勞力充沛，可以快速的從事大量生產，創造很高的成長率。理論上其他條件不變，經濟越落後的國家，進步的空間越大，成長率就越高。

該報告亦明確指出，這種結論要能成真，必須有大環境的配合，主要是金磚四國必須持續採行有助於經濟發展的政策和制度，包含政治上以經濟發展為優先、控制通貨膨脹、控制政府預算不出現過大的赤字、在貿易和投資上採取較開放的態度、維護公共建設的質與量、持續改善教育。這些並不容易，所以該報告坦率指出：「很有可能我們所作的數字估計不會成真：有可能是不好的政策造成，也有可能是運氣不好。」這句話照理應當可以防止各界對於報告的結論作「過度的解讀」，但好像沒發揮太大的作用。

高盛對金磚四國和新金磚十一國的樂觀預測，在世界上引起了重大迴響，甚至登上美國商業週刊（Businessweek）的封面故事。雖然這種樂觀的估計不一定會成為真實；就算屬實，按中國大陸目前年平均每人所得一千四百美元，和美國的四萬三千美元相比，相差達三十一倍之多（若照購買力評價則差距減為七倍），此懸殊的差異短期內也不會出現轉折。即便如此，開發中國家在全球經濟中比重與影響力日益增加，將是不爭的事實。

新興經濟體對世界的影響

從經濟學角度出發，新興國家彷彿勢不可擋的經濟發展走勢，將替全世界帶來多少變化？這個持續改變中的趨勢將帶來下列四種重大意義。

一、全世界重要物資的供給和需求必須重新分析，才能正確預測價格

過去作經濟預測只考慮美國、日本、歐洲市場的需求已足，如今無論是新興國家的原物料、製造業產品、甚至是糧食需求，都必須一併考慮。前面的石油已經介紹，其他重要商品也是一樣。例如，近年來黃金價格居高不下，其中原因之一即是印度和中國大陸這二個國家對黃金的需求力道，開始起作用。根據倫敦貴金屬市調機構GFMS Ltd.統計，二〇〇五年上半年全球黃金消費者的需求就上漲了二十一％，全球黃金珠寶的需求也打破紀錄達到三百八十〇億美元。其中印度消費者對黃金的需求和二〇〇四年第二季相比，成長了四十七％，中國大陸消費者也成長了十三％。這些驚人的消費能力，除了反映二國國民對黃金的喜愛外，也顯現出它們經濟發展速度尤其快速。中國大陸已連續十年平均經濟成長率超過八・五％，與已開發國家相比，正處於一個爆發性的階段。拿原物料供應來看，因其經濟成長力道強勁，所帶來的可觀需求，已經開始造成全球原物料價格高居不下，出乎數年前多數專家的預料。

近年來印度也加入了高成長的陣營，近十年平均經濟成長率為六％，二〇〇三年經濟成長率更高達八・六％。隨著基礎建設的大舉開工，對各種原物料的需求也跟著走

圖六　二〇〇五年全球與開發中國家消費者的黃金需求

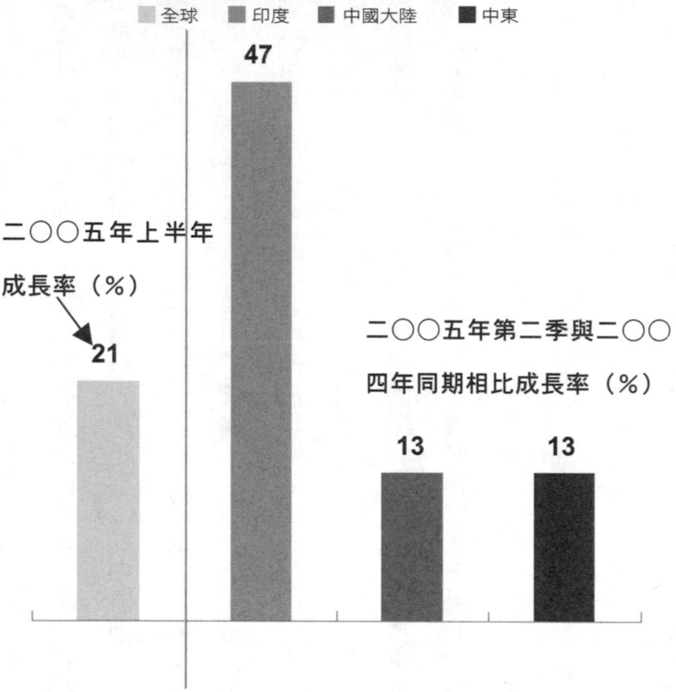

來源：倫敦市場研究公司（GFMS），世界黃金協會（World Gold Council）。

高，其潛在影響亦不容小覷。

至於拉丁美洲國家與亞洲等新興國家的雙邊關係上，亦出現了一個很明顯的新現象，大量拉丁美洲原物料向亞洲各國出口，已使後者成為前者的首要市場之一。巴西的黃豆和糖，祕魯的銅和黃金，委內瑞拉的石油、鐵和鋁，與哥倫比亞的鐵，均是如此。出口成長，加上非經濟因素的漸次沈澱，帶動了拉丁美洲國家的成長走高，部分力道也反映到股市之上：哥倫比亞股市在二〇〇四年上漲八十六%、委內瑞拉二十四%、阿根廷二十八%、巴西十七%，都是明顯的例子。

二、揮別過去的危機，發展中國家最近成為全球經濟市場一股新的穩定力量

新興經濟體崛起的另一個衝擊，將是全球金融。就上個世紀一九九〇年代而言，從一九九四年的墨西哥開始，一九九七年的泰國和其他亞洲國家，一九九八年的俄羅斯，一連串的金融風暴，皆是一片愁雲慘霧。一九九〇年代以新興市場為投資標的，對全球

投資人來說，就如同一場夢魘。曾幾何時，到二〇〇〇年初，經過了這些金融危機的整頓與調整，新興國家投資市場的行情出現了轉機。根據美國商業週刊對五百大美國境外基金統計，二〇〇二年十一月至二〇〇三年十月這一年，市場上表現最好的就是新興市場基金，是其他一般市場的二倍。其中，投資在新興市場的基金享有四十三％的報酬率，同期全球股市僅有二十三％的報酬率。該週刊亦表示，該年全世界五百個最大的美國境外基金，表現最好的前十名，有八個是投資新興市場。這波行情似乎沒有停止而持續延續著，因為全球新興市場的股市在過去三年內，已漲了將近二百％。

以高盛所提的「新金磚十一國」等新興國家為例，近年來成倍翻漲的股價即可見其經濟發展的熱度。以南韓為例，近年來指數不斷創歷史新高，若由二〇〇一年的四百六十三・五四點起漲迄今，漲幅已接近二倍；其他如菲律賓股市，也從九百七十八・一九點起漲，迄今年的二千一百七十二・六點；印度股市漲了二百六十九・七八％、墨西哥股市也上漲二百六十七・二一％。最令人感到驚訝的是，中亞國家巴基斯坦股市從二〇〇一年以來，大漲八・五八倍，而土耳其也漲了四・七倍。

表二 二〇〇一年至二〇〇五年全球新興市場股市漲幅

各國股價指數	二〇〇一年至二〇〇五年股市漲幅
南韓	二倍
菲律賓	二・二倍
印度	二・七倍
墨西哥	二・七倍
土耳其	四・七倍
巴基斯坦	八・六倍

來源：財訊先探週刊。

但是我們在此必須指出，不同的新興經濟體之間，經常存在很大的差異。以股市來說，不論是體制、開放程度與治理程度，各新興國家都有差異，若一視同仁的把股市視為經濟發展的不二指標，會是一件非常危險的事。例如一般被認為是新興經濟體中成長潛力最雄厚的中國大陸，過去二年來股市行情的走向，就因為制度上的原因，與經濟成長剛好相反，一直到最近才有所反彈。

儘管對各國股票市場不能一概而論，多數券商分析師依舊樂觀預測世界經濟，特別是新興市場的情況。據高盛集團估計，新興市場在二〇〇六年又會是一番大好光景，二〇〇六年成長率將達六・六％，與二〇〇五年的成長率六・七％大同小異。即便如此，市場上對新興市場繁榮是泡沫的懷疑聲浪依舊不小。事實上，要分析新興市場，不該獨立觀察新興經濟體，而應當將新興經濟體放在全球供需市場的範圍去解讀。

根據耶魯大學管理學院Jeffrey E. Garten教授的看法，新興市場股市一片熱絡的最主要原因在於，新興經濟體已經從全球經濟的邊緣移動至世界的中心。它們的製造業、貿易和財金市場，早已整合進世界經濟體系，成為重要而不可或缺的一環。

・根據世界貿易組織的資料，新興經濟體占全球貿易的比例已從十年前的二十七％成長至目前超過三十三％。

・此外，據IMF統計，一九九四年至一九九六年間淨私人直接投資，也就是對發展中經濟體廠房和企業長期及實體的投資，是投資於當地股票和債券市場的一・五倍；目前這個比例則是八倍。

- 從一九九四年至二〇〇五年的十一年間，新興市場的淨國外直接投資成長九十二%，同期間股市和債市的投資卻輕微的降低了。

無論從實體投資比重的增加，到貿易的增長來看，投資者看的不僅是短期金融市場，新興國家經濟的興起，在全球投資者的眼中，已是一個長期投資的目標。

新興國家的繁榮除了是因為整合進世界供需體系，對全球經濟的影響甚鉅外，根據摩根史坦利公司Ruchir Sharma的看法，新興市場的興衰與否和美國經濟景氣有相當密切的關係。他認為，新興市場繁榮的先決條件是美國經濟情勢；美國作為全球需求的主要驅力，其持續擴張對世界經濟的影響不可輕忽。從一九九七年至一九九八年的亞洲和俄羅斯金融危機過後，唯有在美國所領導的全球經濟有復甦的徵兆後，新興市場的成長才於二〇〇三年三月迅速擴張。

高盛報告指出，世界金融會因為開發中國家興起而有所改變，因為資本市場的鐵律一向如此：當國家GDP上升，企業僱用人數增多，企業盈餘上升，其股票理應成為投資標的。就新興經濟體的股價來看，二○○三年至二○○五年以來，新興市場整體股價的上揚，大多數都能歸因於當地上市公司企業盈餘的成長，也就是本益比（P/E Ratio）未見過度上升。這均表示新興市場的投資環境仍有極佳的成長空間。

的確，根據台灣證交所以及摩根富林明投顧最新資料（二○○六年第一季）顯示，新興國家股市平均本益比為十二・七。就個別市場來看，巴西本益比為八・二，俄羅斯十四，南韓十・五，墨西哥十四・五；菲律賓本益比位於十二和十三之間，印尼介於十至十一之間；印度本益比較高，約二十；泰國最近政爭，本益比在十附近震盪。同時期紐約股市本益比約十九，東京近五十（但計算方式略有別），香港和台北約十八。

隨著新興國家經濟發展榮景和企業擴張，全球資產配置應當跟著重新洗牌。根據Ruchir Sharma的統計資料顯示，新興市場目前占全球資本市場投資額只有十五%，即便發展中國家占全球GDP的比例已經提升到二十五%（以目前貨幣來計價）；若以經濟學人的PPP計價，已達一半。若新興市場國家GDP占全球二十五%，則投資在該國的資產比例即應當調整為全球資產配置的二十五%。

三、企業必須因應新興經濟體所帶來的市場需求

另外值得注意的變化是在消費者市場。過去亞洲四小龍是歐美重要品牌的代工夥伴，生產技術一流，但產品行銷策略是由歐美廠商主導一切，以歐美客戶的需求為主要對象。以中國大陸和印度為首的亞洲大型開發中經濟體起飛後，所產生對產品的龐大需求，已不可忽視。這些消費者的平均每人所得無法和已開發國家相比，但受到歐美主流產品的影響，他們除了需要價廉的產品，還是希望產品具備若干功能上的多樣性與新穎性。如何一方面具有新穎功能，一方面維持低製造成本與低價格，形成了一個新的挑戰。

在這個新興市場的消費者競技場上，台灣電子產業將扮演一個不可或缺的角色。台灣電子業長期以來作從事代工，在降低價格與量產方面一向是箇中好手。有人說，中國大陸是世界工廠；但換個更準確的角度來說，是台商將中國大陸看作台商工廠，透過充沛的勞動力和天然資源，行銷具有競爭力的產品至全世界。例如，台灣筆記型電腦已有十二家在中國大陸設廠，大陸廠占有這些企業六十％至一百％的產能。根據資

策會調查，全球筆記性電腦價格戰廝殺激烈，市場成長快速，二〇〇五年全球市場規模達五千九百五十萬台；其中台灣出貨量已達四千九百萬台，全球占有率高達八十二・四%。二〇〇五年第三季的代工出貨量達一千三百三十五萬台，較二〇〇四年同期大幅成長五一・六%。

由於新興市場的出現，企業的戰場和遊戲規則皆為之改變。根據高盛對金磚四國的預測估計，各新興經濟體的中產階級將在未來二十年內大幅增加，目前中國大陸每人年所得三千美元以上的人口僅占總人口數不到十%，但到二〇二五年，這個數字會成長到八十%。新興國家大量中產階級的興起，即便近十年來台灣高科技產業毛利率持續偏低，眾多人口的需求將使得需求量在未來數十年內遽增，台灣電子業的比較利益，擅長製造流行而低價的產品，在這變動的年代裡，獲利依舊可期。這些具備些許新穎功能的廉價品，未來甚至有機會取代許多高價品，反而成為世界上的主流，如同過去十年在電子市場之所見。

台灣目前代工製造毛利率仍偏低，讓國際大廠囊括豐厚的品牌利潤，但台灣資訊廠商目前除了控制產能外，也掌握越來越多的核心技術，在累積足夠資本後，應當能往行銷以及品牌的方向邁進。例如，已成功打入全球筆記型電腦四大品牌的宏碁，其在歐洲的成功乃歸因於其國際化的經營和深入文化的行銷手法。

全世界的先進國家廠商都希望在新興市場亞洲、中南美洲等地先發制人，豎立品牌形象。由於新興市場消費者平均每人所得較低，生活水準較西方國家中產階級來得低，西方賣場大批成捆售出的行銷策略就必須作出調整。像是全球消費性產品第一名的寶鹼公司（Procter & Gamble），其推出的洗髮精，就是以小包裝、低單價的促銷手法販賣，消除消費者一開始就得花大錢的心理障礙，反而以「每個人都負擔得起」，先引起新興市場消費者對新品牌的好奇心而試用，即便小包裝的價格換算起來未必比西方賣場大量販售來得便宜。除了日用品的例子外，另一個全球企業在開發中經濟體的兵家必爭之地，即是汽車產業。過去向來只針對西方中產階級設計汽車和制定價格的通用汽車（General Motors），如今也把目標之一放在發展中國家，重新調整經營方式，直接提供適合新興經濟體消費者的汽車和銷售價格。最近該公司設計了一類專為發展中國家消費者所設計的汽車，價格較低廉，平均一台大約五千至一萬美元（約新台幣十六萬至三十二萬元間），但其品質卻優於仿冒車且符合安全標準。

在眾多的新興市場，品牌的競爭亦日趨激烈。在先進國家如日本，廠商推出的新產品多以國內市場的銷售為測試場，其經驗可作為外銷到其他先進國家市場，以及新興國家中高級消費市場的參考，但由於生活水準的差異，尚難作為新興國家一般消費者的參考。反過來說，低收入國家本土品牌在本國的經驗，不能作為外銷到歐美日中上階層消費者的參考，但足以作為這些市場中廉價消費者市場的參考。例如台灣頂新集團的康師傅泡麵，透過不斷研發符合中國人的口味和低價策略，成功地攻占了中國人數十億人的胃。其六〇億包的年銷量被稱為「中國麵王」，同時也是世界上銷售量最大的速食麵生產廠商，一年中單用於包裝康師傅速食麵的塑膠薄膜，就可以繞地球十二圈。目前康師傅在中國大陸有三百五十〇個營業所，零售據點高達五〇萬個，在通路上已占據優勢。根據AC Nielsen調查，二〇〇五年四月至五月康師傅泡麵及飲茶市場在中國大陸當地市場占有率分別為三十八・七三%及四十四・四%，穩居第一。

當然，各地的本土廠商也希望趁此機會發展本地品牌，更想以本地發展品牌經驗的基礎，向其他市場擴張，於是硝煙四起。宏碁已在歐洲市場大獲成功，在數個歐洲國家成為銷售量第一名的電腦品牌，其下一步策略亦想將經濟規模最大的新興國家，中國大陸及印度，納入其行銷範圍，並積極尋求策略聯盟，擴充通路（見圖七）。不過，在此過程中，宏碁也必須與當地品牌（如聯想）競爭。

圖七　二〇〇四年與二〇〇五年，宏碁電腦與其他大廠全球市場占有率比較

（單位：%）

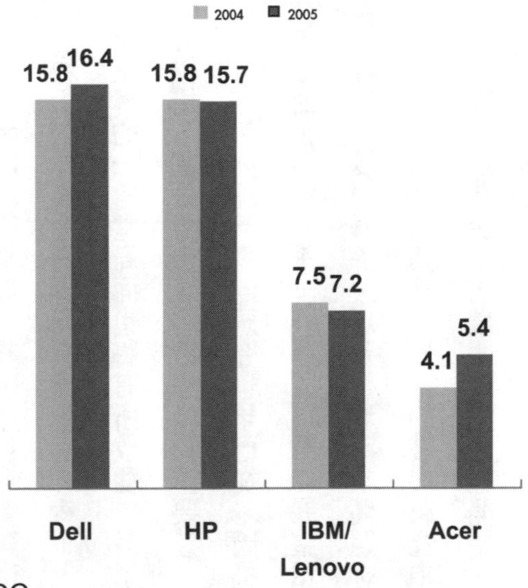

來源：IDC。

四、新興國家自己在地的聲音，將成為越來越具權威的分析與預測

目前世界主流經濟景氣預測發言權，仍多由已開發國家所掌握，其中亦包含新興市場的研究，如同金磚四國和新金磚十一國的報告均係由外資券商研究機構所寫。然而，隨著開發中國家的興起，過去這種由已開發國家主導的一言堂局面也將有所改變。最了解發展中國家情勢的，理當是該國的專家或研究機構，其分析預測的敏感度和重要性，理應逐漸超越總部設在紐約、倫敦的跨國公司。某些新興經濟體的研究也早已從本國推向海外；例如韓國LG企業所成立的經濟研究院，除了對韓國本身的經濟情勢作展望預測，亦分析亞洲他國包含中國大陸或日本、韓國經濟的雙邊關係，以及全球產業問題；韓國政府經濟智庫對外經濟政策研究院（KIEP）亦和中國大陸國務院旗下的發展研究中心，針對「韓—中自由貿易區」問題，共同進行研究；這些例子均證明改變已經開始。開發中國家的經濟發展問題將是未來全世界最值得探討的經濟和趨勢議題之一，我們相信開發中國家有能力作出值得重視且更正確、合理、具有前瞻性的預測和分析。

Chapter 2

新興國家未來成長力的燈號評比

新興經濟體之興起

高盛證券曾發表一篇第九十九號報告，報告中指出二〇五〇年時全球的經濟將會大洗牌，新的六大經濟體依序為中國大陸、美國、印度、日本、巴西、俄羅斯。在這六大經濟體中，中國大陸、印度、巴西、俄羅斯就是所謂的明日之星「金磚四國」（BRICs，綜合了Brazil, Russia, India 與China四字）。其實，金磚四國的影響力在最近這幾年就已略見端倪。根據IMF與高盛的資料顯示，過去幾年來全球經濟成長大約有三成左右的成長力道是來自於金磚四國，這是相當大的一個比例。如此強大的成長潛力引發了一陣對於新興經濟體的研究熱潮，也挑起了許多投資人進入新興市場投資的興趣。

就新興市場基金的報酬表現看來，金磚四國的投資報酬率遠比其他已開發國家高出許多。這點相當吸引投資人，但是在高投資報酬率的背後通常會伴隨著高風險。在經歷過一九八九年日本經濟的泡沫化、一九九七年亞洲金融風暴、千禧年時的達康（.com）公司泡沫化這一連串影響下，很多投資人對於風險都是聞之色變，避之唯恐不及。不過，若是能夠對於這些新興市場的政治、社會及經濟背景有相當的了解（此部分可以參考本書後半部各國歷史回顧），相信可以從中看出一些端倪，找出最正確的投資組合，以期在可接受的風險之下，獲取最大的投資報酬率。

本書中我們選擇了金磚四國，以及高盛第一三四號報告新金磚十一國當中的五國——墨西哥、印尼、南韓、土耳其、菲律賓，再加上泰國，進行深入的報導。希望讀者在了解各國之相關背景後，能分別以政治、社會、經濟的角度來進行投資分析。

整體競爭力指標之說明

指標之分項說明

當投資市場對新興市場一片看好之際，本書特別以政治、經濟、人力資本和科技發展等四個角度完整替讀者衡量各發展中國家的狀況。本書根據作者研究團隊自行設計的整體競爭力指標（Overall Competitiveness Indicator，簡稱OCI），給予各國家評分。整體競爭力指標包含四個子項，分別為「總體經濟情況」、「資訊科技能力」、「人力資本」，以及「政治與公共政策」。其中「總體經濟情況」包含了各國家的總體經濟穩定、政府支出、國家信用評等、投資占GDP比例；「資訊科技能力」則包含了發明能力、資訊技術普及度；「人力資本」是包含了受教育平均年數、預期壽命；而政治穩定度、法治程度、貪污控制度則是包含於「政治與公共政策指標」中。分數的範圍是一分到八分，所有的指標分數都是越高分越好。各項指標的原始來源包含世界銀行、IMF、聯合國、美國專利局、世界透明組織（Transparency International）與世界經濟論壇等國際或研究機構的報告、Penn World Table（Heston-Summers-Aten, PWT 6.1，賓州大學國際比較中心）、Barro-Lee的教育資料庫，以及其他學者的研究。這些原始來源經過轉換、重組、綜合、加權後，形成本書所使用的OCI。由於這四個面向是國家長期發展的重要因素，而前文所提之整體競爭力指標又是這四個面向的綜合，因此我們以整體競爭力指標的得分來判定一個國家的發展狀況。

在總體經濟情況方向，總體經濟穩定指標得分要高則該國的通貨膨脹率要低；政府支出指標，主要是衡量其所提供的服務是否符合社會所需；信用評等指標得分越高表示其國家越可靠，得分越低表越容易倒帳；投資占GDP比例指標是衡量一國的投資狀況，一般而言，投資狀況越好，未來經濟越好。

而資訊科技能力中的發明能力則是衡量該國企業創新程度，主要來源為獲得美國專利之數目，以及該國高中以上就學率；資訊技術普及度則是關於該國在資訊技術應用的表現，包含上網、行動電話等是否普及。

人力資本中的受教育平均年數是在測量該國的教育水準；預期壽命是與健康有關的指標，指標分數越高代表該國的醫療狀況良好，人口壽命較長。

政治與公共政策中的政治穩定度指標的得分高低是以有無政變或革命來判斷；法治程度指標的評分標準則是以政府之所做所為是否有法律依據，和人民權利義務有關係的法律制定是否完善，是否有獨立的司法制度等；貪污控制度指標則是貪污狀況越多得分越差，貪污程度越高，分數越低。

指標	指標定義
整體競爭力指標	此評分是總體經濟情況、資訊科技能力、人力資本，以及政治與公共政策四大指標分數之平均值。
總體經濟情況	此評分為下列四指標分數的平均值。
1. 總體經濟穩定	此指標的細項主要包含政府赤字或盈餘占GDP比率、通貨膨脹率、以及匯率之變動。
2. 政府支出	主要為政府支出中用於經濟建設與教育類項目之比率。
3. 國家信用評等	主要由已公布的各國信用評等構成，信用評等越高表示該國越可靠，越低顯示該國越容易倒帳。
4. 投資佔GDP比例	民間投資、政府投資以及公營事業投資占該國GDP的比例。投資率顯示該國投資狀況，一般而言，投資狀況越好，未來經濟走勢越被看好。
資訊科技能力	此評分是由下列兩指標分數取平均而來。
1. 發明能力	此指標衡量該國每百萬人所獲得的美國專利數目，研究發展經費占GDP的比率，以及高中以上教育的就學率。
2. 資訊技術普及度	資訊技術普及度指標是指該國資訊技術運用的情況，主要包含電腦、學校上網、行動電話是否普及。
人力資本	此評分是由下列二指標分數取平均而來。
1. 受教育平均年數	該國二十五歲以上民眾受教育的平均年數，時間越長，評分越高。

2. 預期壽命	初生兒的預期壽命能夠顯示健康勞動水準。
政治與公共政策	此評分是由下列三指標分數取平均而來。
1. 政治穩定度	此評分代表各國家可能遭遇的暴力威脅或非法的政權改變，其中包含恐怖主義的攻擊、政變、革命等。
2. 法治程度	此指標能衡量與人民權利義務有關的法律制定情形，政府行政是否有法律依據，以及是否有獨立的司法檢警制度。
3. 貪污控制度	此評分衡量該國透過公權力以得到私人利益的運作，包含由高到低的貪污和濫權。貪污控制度越差，貪污程度越高，分數越低。

族群之分類標準

在分析過程中，我們會將該國的資料與其發展程度相似的國家互相比較。例如，南韓是屬於高所得國家，其各指標的得分則是會與高所得國家的資料相比較，藉此我們可以了解該國在同屬族群中的潛在能力。

本書我們所選的十大新興經濟體則分別屬於四大族群，分別為：

1. 低所得國家：印度。

2. 中低所得國家：巴西、俄羅斯、中國大陸、土耳其、泰國、菲律賓、印尼。

3. 中高所得國家：墨西哥。

4. 高所得國家：南韓。

指標之星號評分標準

一顆星★：該國之該項指標得分，介於該族群之「最低分」，和該族群之最低分與中位數國家分數之「平均數」之間。

二顆星★★：該國之該項指標得分介於該族群之最低分與中位數國家分數之「平均數」，與「中位數國家之分數」之間。

三顆星★★★：該國之該項指標得分介於該族群「中位數國家之分數」和該族群之最高分，與中位數國家分數之「平均數」之間。

四顆星★★★★：該國之該項指標得分介於該族群之「最高分」，與中位數國家之分數與最高分之「平均數」之間。

最低分國家之分數

★

中位數國家與最低分國家平均數

★★

中位數國家之分數

★★★

中位數國家與最高分國家平均數

★★★★

最高分國家之分數

各國經濟表現之燈號比較

我們進一步將前文所提及之未來GDP成長率、經常帳餘額占GDP之比例，以及整體競爭力指標三大項進行加權處理，其權重分別定為二分之一、四分之一、四分之一，然後即可將上述十個新興經濟體之經濟發展狀況分為下列五大等級，並分別以五種燈號來表示。依經濟發展之前景是否亮麗來排列，依次分別為：紅燈、紅黃燈、黃燈、黃綠燈，以及綠燈。

十大新興經濟體成長力道之分析

巴西

GDP成長率

一九九七年亞洲發生金融風暴，影響力襲擊全球，巴西也無法幸免。金融風暴後，巴西經濟成長幾乎是呈現停滯的狀態。雖然在IMF援助之下情況逐漸好轉，但是在二〇〇三年時，巴西GDP成長率也只有〇・五%的水準。直至二〇〇三年巴西現任總統盧拉（Lula）上台後，致力於推動經濟改革與國家總體經濟的成長，其政策與成效逐漸獲得國外投資者信任後，巴西經濟成長才逐漸攀升上來。在二〇〇四年時，巴西GDP成長率已經升高至四・九%的水準。在短短一年之內大幅成長了三・四%的水準，這是相當驚人的表現。一般預估未來幾年內巴西的GDP成長率應該還是可以維持在四%左右的水準。

經常帳餘額占GDP之比例

巴西目前的經常帳是呈現順差的狀況，順差占GDP的比例大約在一至二個百分點之間。就未來幾年看來，巴西的進出口貿易應該還是會維持這種出超的狀況。這種狀況的維持和巴西過去發展酒精作為替代能源的成功有關。尤其是在美國國會去（二〇〇五）年下旬時通過了能源法，布希總統在其國情咨文中也明白表示美國將來要全力發展替代能源，未來燃料用酒精的市場一片看好，連帶使得國際糖價呈現上漲的趨勢，這些都是巴西（全球最大燃料酒精生產國與糖輸出國經濟的利多消息。

雷達圖指標

就雷達圖上（請參見第一〇三頁）的分布情況看來，巴西的整體競爭力指標略低於所有中低收入國家體競爭力指標中位數，因此拿到二顆星，大致上還不至於太差。不過其中投資占GDP的比例只有一顆星，是遠低於中位數的水準，這代表投資人目前對於巴西的信心還是有待加強。而受教育平均年數指標也是只有一顆星，是巴西政府要努力的項目。不過，巴西在於政治與公共政策指標方向的分數，普遍來說是高於其他中低所得國家的，得分都有三顆星的水準。

除了上述的消息之外，巴西今（二〇〇六）年十月將要舉行的總統大選也是一個相當大的變數。目前，巴西現任總統盧拉和其他候選人的民調互有高低，不過最近一次民調顯示盧拉的民調比聖保羅市長Jose Serra稍微來得高一些，不過這些因素都還在變化中。根據歷史經驗來看，大選年總是會伴隨著一些政治熱潮，而目前也還無法預測是否會對經濟有不良的影響。

指標	星號
整體競爭力指標	★★
總體經濟情況	★★
總體經濟穩定	★★
政府支出	★
國家信用評等	★★★
投資占GDP比例	★
資訊科技能力	★★★
發明能力	★★★
資訊技術普及度	★★★★
人力資本	★★
受教育平均年數	★
預期壽命	★★
政治與公共政策	★★★
政治穩定度	★★★
法治程度	★★★
貪污控制度	★★★

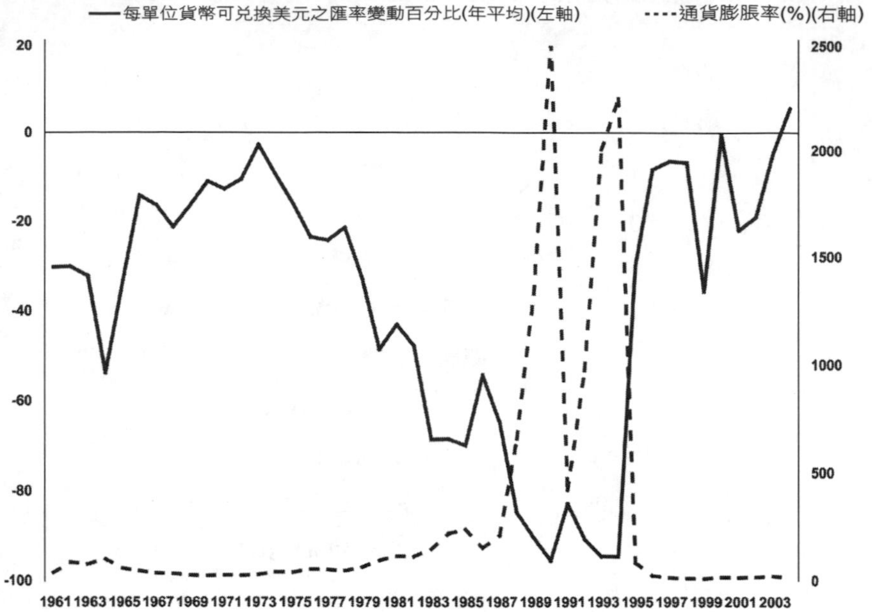

每單位貨幣可兌換美元之匯率變動百分比(年平均)(左軸)
通貨膨脹率(%)(右軸)
20
0
-20
-40
-60
-80
-100
2500
2000
1500
1000
500
0
1961 1963 1965 1967 1969 1971 1973 1975 1977 1979 1981 1983 1985 1987 1989 1991 1993 1995 1997 1999 2001 2003

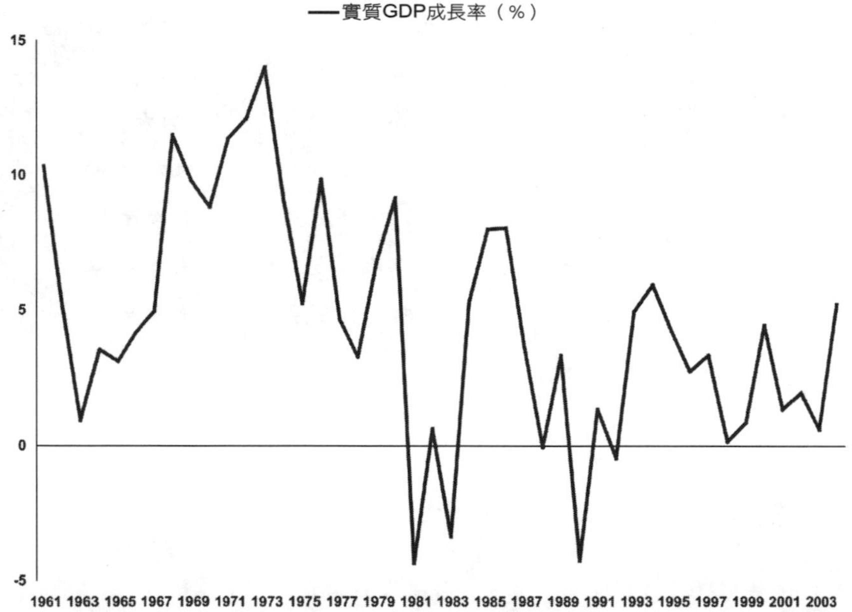

實質GDP成長率（%）
15
10
5
0
-5
1961 1963 1965 1967 1969 1971 1973 1975 1977 1979 1981 1983 1985 1987 1989 1991 1993 1995 1997 1999 2001 2003

俄羅斯

GDP成長率

一九九九年普丁上台，當時亞洲金融風暴的影響逐漸淡化，俄羅斯的經濟也在逐漸恢復中。二〇〇四年經官方修正後的經濟成長率高達七%，比原先預期的還要高。在往後的幾年內雖然預期GDP成長率會稍微往下調整，但是根據一般預估的資料，未來幾年內俄羅斯的經濟成長率至少還有四%的水準，是成長力道強勁的國家。

經常帳餘額占GDP之比例

由於俄羅斯是目前世界主要的能源出口國，因此俄羅斯的經濟發展與能源出口的連結性很強。目前國際石油價格的上升帶動了俄羅斯經濟的成長，也使得經常帳順差占GDP的比例稍微上升了一些，由二〇〇四年的十%增加為二〇〇五年的約十二%。未來這個數字或許會稍微下降一些，但可以維持相當大的順差則不是問題。龐大的順差代表俄羅斯正在不斷的累積外匯存底，國力也在不斷的持續上升中。

雷達圖指標

就雷達圖（請參見第一〇四頁）上的分布情況看來，俄羅斯的整體競爭力指標為三・八分，略高於所有中低收入國家體競爭力指標中位數的水準，得分有三顆星。其中比較值得一提的是，俄羅斯的人力資本指標高於中位數國家的標準，得分有三顆星，其中受教育平均年數指標的得分是所有中低所得國家中的最高分，得分為四顆星。但是人力資本指標中的另一項指標，預期壽命指標的得分只有二顆星。預期壽命指標較低是原因是因盧布貶值，導致老年人口的生活依靠、品質下降所致。另外在政治與公共政策指標方面，俄羅斯的指標是普遍低於中位數國家，得分只有二顆星，這代表不論是政治的穩定度、法治程度、政府的貪污控制方面都有待加強。

俄羅斯的下次總統大選是在二〇〇八年，距今還有二年的時間。看來，若是普丁持續改革措施，尤其是國營事業的改革，包括電力部門、天然氣供應部門的改革，那麼對於未來的成長將會是一個相當正面的影響。

指標	星號
整體競爭力指標	★★★
總體經濟情況	★★★
總體經濟穩定	★★★
政府支出	★★
國家信用評等	★★★★
投資占GDP比例	★★
資訊科技能力	★★★★
發明能力	★★★★
資訊技術普及度	★★★
人力資本	★★★
受教育平均年數	★★★★
預期壽命	★★
政治與公共政策	★★
政治穩定度	★★
法治程度	★★
貪污控制度	★★

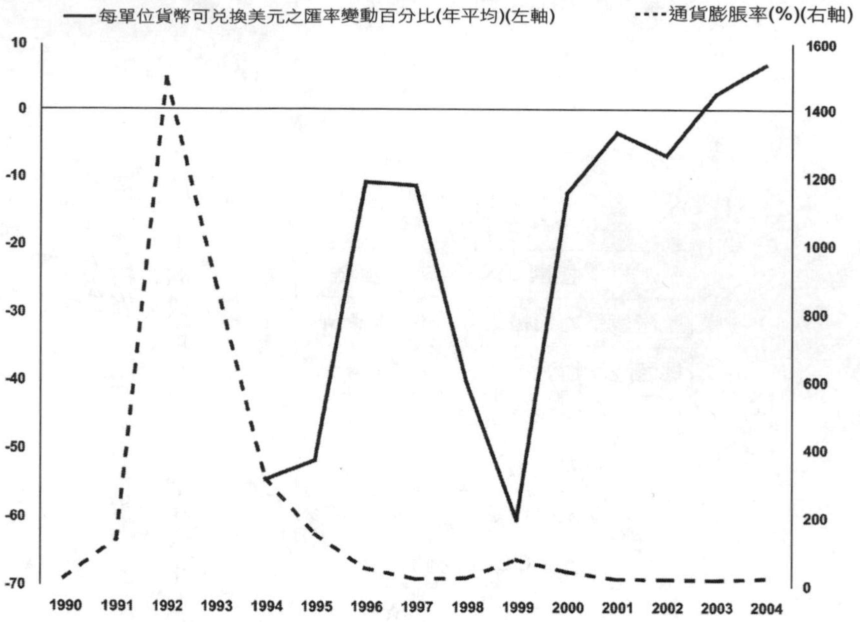

每單位貨幣可兌換美元之匯率變動百分比(年平均)(左軸)
通貨膨脹率(%)(右軸)
10
0
-10
-20
-30
-40
-50
-60
-70
1600
1400
1200
1000
800
600
400
200
0
1990 1991 1992 1993 1994 1995 1996 1997 1998 1999 2000 2001 2002 2003 2004

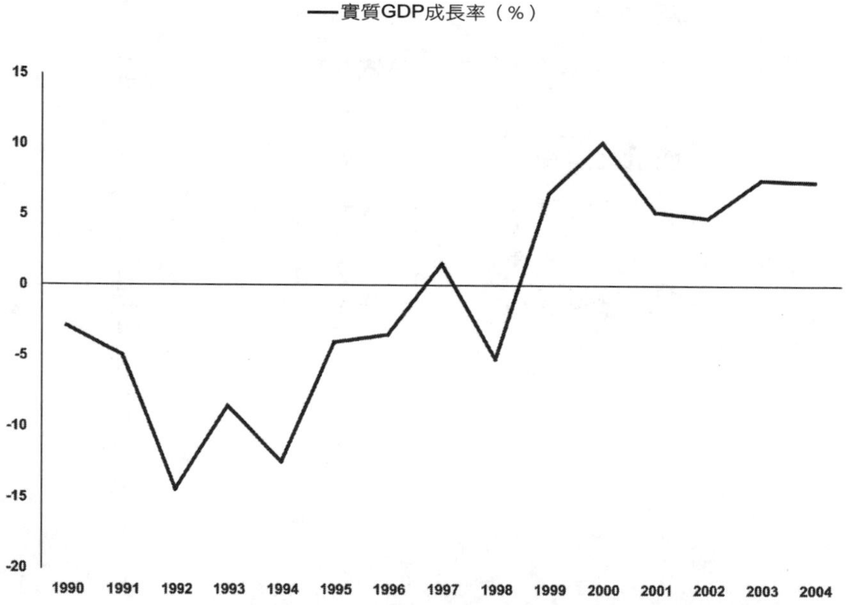

實質GDP成長率（%）
15
10
5
0
-5
-10
-15
-20
1990 1991 1992 1993 1994 1995 1996 1997 1998 1999 2000 2001 2002 2003 2004

中國大陸

GDP成長率

一般認為，中國大陸過去幾年呈現一種景氣過熱的情況，二〇〇三年至二〇〇五年這三年GDP成長率分別是十%、十%和九・四%。這種過熱的情況可能會進一步產生通貨膨脹或是泡沫化的影響，所以中國大陸也已經著手採取一些措施，試圖讓過熱的經濟降溫，回歸到正常面的水準。不過，即使去（二〇〇五）年官方已經對於投資採行一些減緩成長的措施，同時也對整體經濟採取了一些宏觀調控的措施，例如融資、貸款等相關限制，整體的投資率還是居高不下。此比率由二〇〇一年的三成八上升到二〇〇五年的五成六，二〇〇六年根據中國社會科學院的預估，還要上升到六成；這種情況顯然不可能長期持續。在鋼鐵、水泥、鋁業、房地產方面的投資尤其擴張太快，不但以後可能出現產能過剩的情況，而且也造成了對能源、交通和環境方面的巨大壓力。在這種情況下，政府未來是不是會採取更強烈的措施來降低投資成長的速度，是大家關切的焦點。

如果採用比較強烈的方法來減緩投資成長的速度，未來成長率下降的幅度當然會大一些。但無論如何，過去幾年過熱的情況總應當會需要回復到一個較正常的幅度。一般估計，未來幾年內中國大陸的經濟成長率會逐漸降到八%左右。這個小幅的下降就是一般說的軟著陸，對於整個經濟面的影響是正面的。另外就大家所關切的人民幣是否會升值的問題，一般估計在今（二〇〇六）年（胡景濤將訪問美國）人民幣會升值，但是升值的幅度應該不會太大。

經常帳餘額占GDP之比例

就經常帳方面來看，中國大陸是一個出超國，其貿易順差占GDP的比率在二〇〇三年是三%，二〇〇四年是三・六%，二〇〇五年進一步上升到五%。雖然在接下來的幾年順差占GDP的比例會稍微下降些（今年前二月已經出現明顯下降），但是出超的狀況應該不會改變，也就是說，中國大陸的外匯存底會在目前約八千二百億美元的基礎上持續累積。

雷達圖指標

就雷達圖（參見第一〇五頁）來看，中國大陸的整體競爭力指標是三顆星的水準。

就圖中其他指標看來，中國大陸在總體經濟情況中的各項小指標都是遠高於中位數國家的分數，尤其是投資占GDP比例指標高達四顆星的水準，而國家信用評等也是最高分的四顆星。另外值得我們留意的指標是資訊科技能力與人力資本二項。中國大陸這二項指標的水準都只略高於中位數國家的水準，為三顆星，這代表不論是在資訊科技能力、發明能力、資訊技術普及、或是教育、國民平均壽命方面，中國大陸都還有待加強。

指標	星號
整體競爭力指標	★★★
總體經濟情況	★★★★
總體經濟穩定	★★★★
政府支出	★★★
國家信用評等	★★★★
投資占GDP比例	★★★★
資訊科技能力	★★★
發明能力	★★
資訊技術普及度	★★★
人力資本	★★★
受教育平均年數	★★★
預期壽命	★★★
政治與公共政策	★★★
政治穩定度	★★★★
法治程度	★★★
貪污控制度	★★

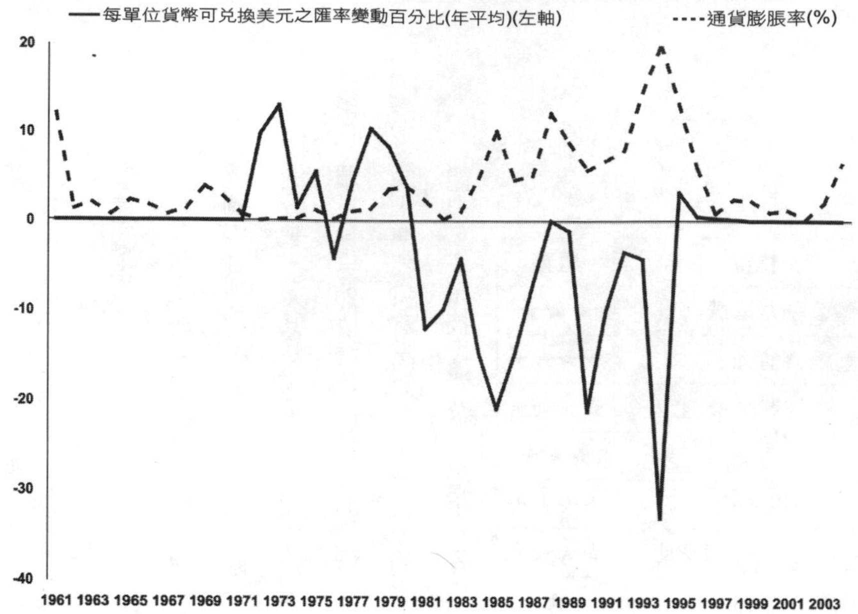

每單位貨幣可兌換美元之匯率變動百分比(年平均)(左軸)
通貨膨脹率(%)
20
10
0
-10
-20
-30
-40
1961 1963 1965 1967 1969 1971 1973 1975 1977 1979 1981 1983 1985 1987 1989 1991 1993 1995 1997 1999 2001 2003

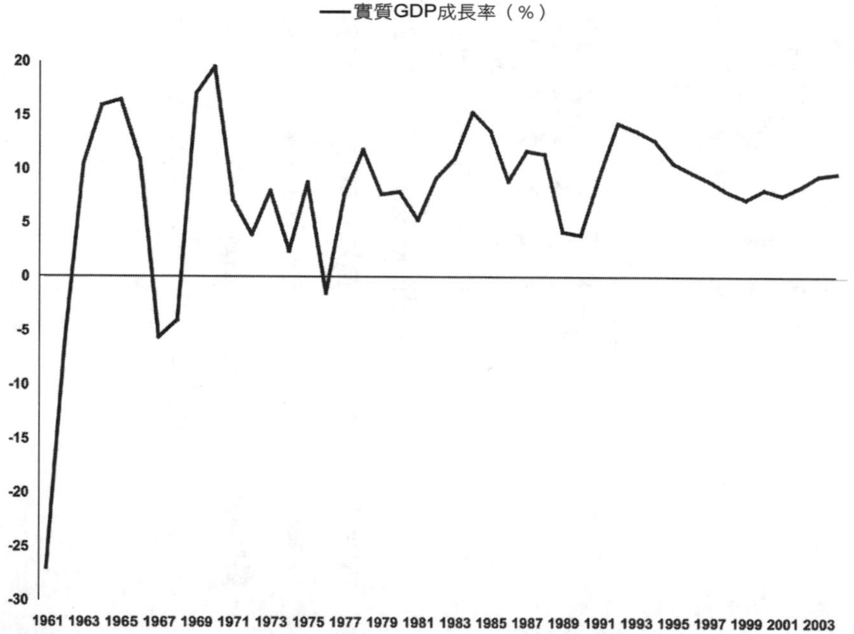

實質GDP成長率（%）
20
15
10
5
0
-5
-10
-15
-20
-25
-30
1961 1963 1965 1967 1969 1971 1973 1975 1977 1979 1981 1983 1985 1987 1989 1991 1993 1995 1997 1999 2001 2003

印度

GDP成長率

印度是這十個國家中唯一的低所得國家。二〇〇四年印度的GDP成長率為六・九%，雖然已由二〇〇三年的八・五%下降了約一・六%，不過一般估計在未來的幾年內，印度的經濟成長應該都會維持在六%以上，成長的力道也是相當的強勁。

經常帳餘額占GDP之比例

印度國內經濟成長快速，國內市場對於物資的需求迅速增加，但是國內製造業未能及時追上，因此貿易狀況一直是處於逆差的狀態。不過，情況不算太嚴重，在二〇〇四年時，經常帳逆差占GDP的比率約為〇・九%。而二〇〇五年至二〇〇九年的比率大約會維持在二%至三%之間。

雷達圖指標

就雷達圖（請參見第一〇六頁）上的資訊看來，印度的整體競爭力指標分數較低所得國家中位數高出不少，得分為三顆星，這也顯示印度整體的競爭力是不錯的。就雷達圖上我們也可以看出，印度所有的指標都在中位數國家之分數之上，其中國家信用評等指標和資訊技術普及度指標達到四顆星的水準。印度所有指標的表現都不錯，只有政治穩定度例外，是處於二顆星的水準。不過，在宗教衝突不斷的情況下，政治穩定度是印度自獨立以來長期的問題，恐怕無法在一時之間解決，只能盡量的減輕內亂之類事件對於整體經濟的影響。目前印度的狀況還算是穩定，目前總理辛赫還是不時的需要處理政治結盟者之間的紛爭，不過還算是在可控制的範圍中。

指標	星號
整體競爭力指標	★★★
總體經濟情況	★★★★
總體經濟穩定	★★★★
政府支出	★★★
國家信用評等	★★★★
投資占GDP比例	★★★
資訊科技能力	★★★★
發明能力	★★★★
資訊技術普及度	★★★★
人力資本	★★★
受教育平均年數	★★★
預期壽命	★★★
政治與公共政策	★★★
政治穩定度	★★
法治程度	★★★★
貪污控制度	★★★★

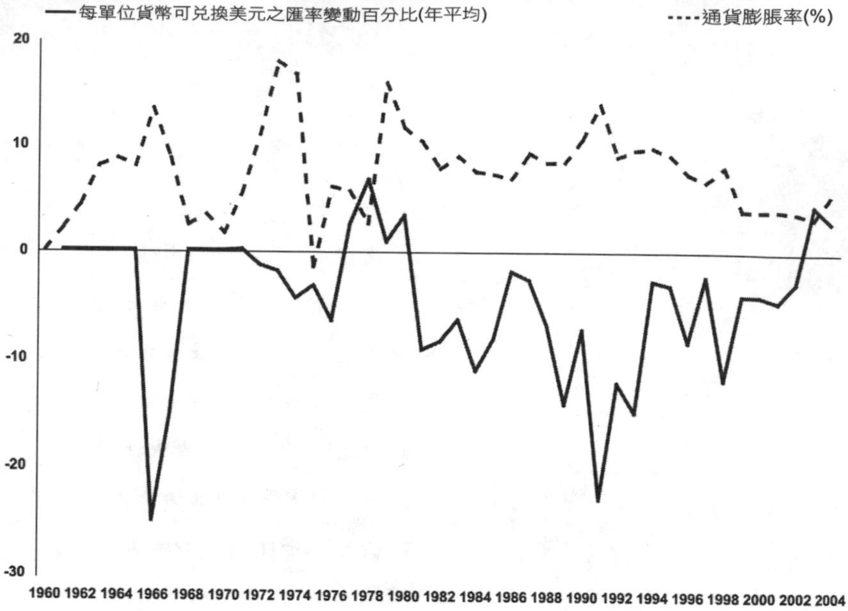
每單位貨幣可兌換美元之匯率變動百分比(年平均)
通貨膨脹率(%)
20
10
0
-10
-20
-30
1960 1962 1964 1966 1968 1970 1972 1974 1976 1978 1980 1982 1984 1986 1988 1990 1992 1994 1996 1998 2000 2002 2004

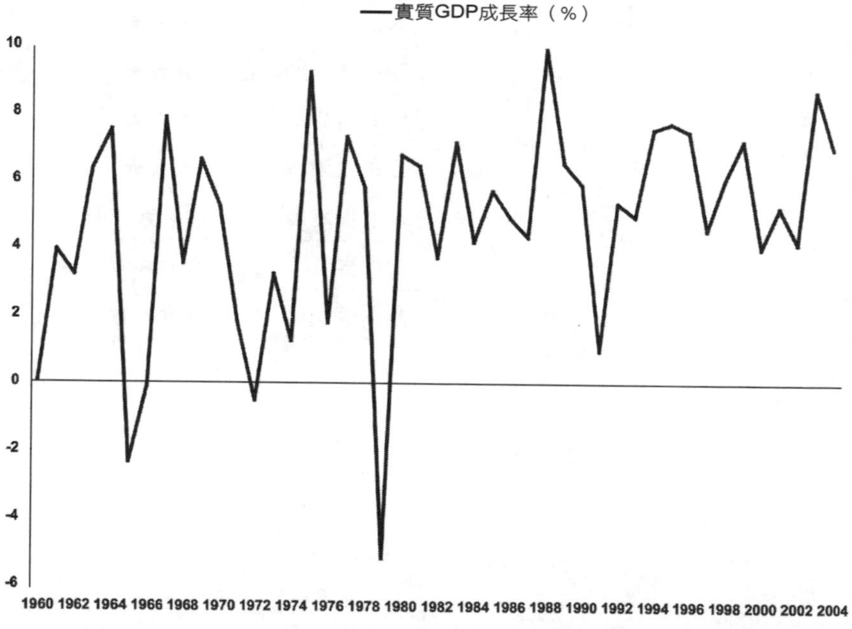
實質GDP成長率（%）
10
8
6
4
2
0
-2
-4
-6
1960 1962 1964 1966 1968 1970 1972 1974 1976 1978 1980 1982 1984 1986 1988 1990 1992 1994 1996 1998 2000 2002 2004

南韓

GDP成長率

在我們分析的國家中，南韓是唯一位居高所得族群的國家；由於我們分析的對象都是新興經濟體，這裡的高所得族群只包含非OECD的國家。南韓近幾年的經濟成長狀況相當良好，在二〇〇三年、二〇〇四年、二〇〇五年分別成長了三・一%、四・七%與四%。由於最近南韓民間消費的成長有逐漸上升的趨勢，這代表南韓的經濟成長對於出口需求的依賴正在逐漸減小，對於南韓未來的GDP成長而言是一個非常正面的現象。因此很多國際預測機構對於南韓未來幾年經濟成長率的預測值，都比過去三年還來得高。就目前南韓的國民所得水準來說，這是相當難得的。

經常帳餘額占GDP之比例

南韓目前的經常帳是呈現順差的狀況，在二〇〇三年、二〇〇四年和二〇〇五年順差占GDP的比例分別是二%、四・三%和二%。未來幾年預估比例接近二%。

雷達圖指標

就雷達圖（請參見第一〇七頁）中的指標分數看來，其整體競爭力指標略高於中位數國家，得分是三顆星。其中尤以投資占GDP比例指標得分是四顆星，接近高所得國家中的最高分，這對於南韓經濟發展的助力相當強。另外，人民受教育平均年數指標的分數也是該族群中的最高分。不過，南韓在政治與公共政策方面指標的分數都不及中位數國家的水準，只有二顆星的水準，其中貪污控制度指標更是最低分的一顆星。

綜觀上述的資料看來，除了政治與公共政策指標之外，南韓整體的情況是相當優良的，只不過目前有一些通貨膨脹的壓力，所以未來南韓的中央銀行可能會逐漸的採取緊縮性貨幣政策，作升息的動作。不過，目前整體情況還算不錯，南韓政治還算是處於穩定的地步、國內消費力正在逐漸上升、投資面的表現也相當優異，尤其是南韓已經有很多自創品牌產品的市場占有率已經超過日本，這些數據再再顯示了南韓是一個相當值得我們敬佩的新興經濟體。

指標	星號
整體競爭力指標	★★★
總體經濟情況	★★★
總體經濟穩定	★★★
政府支出	★★
國家信用評等	★★★
投資佔GDP比例	★★★★
資訊科技能力	★★★★
發明能力	★★★★
資訊技術普及度	★★★★
人力資本	★★★
受教育平均年數	★★★★
預期壽命	★
政治與公共政策	★★
政治穩定度	★★
法治程度	★
貪污控制度	★

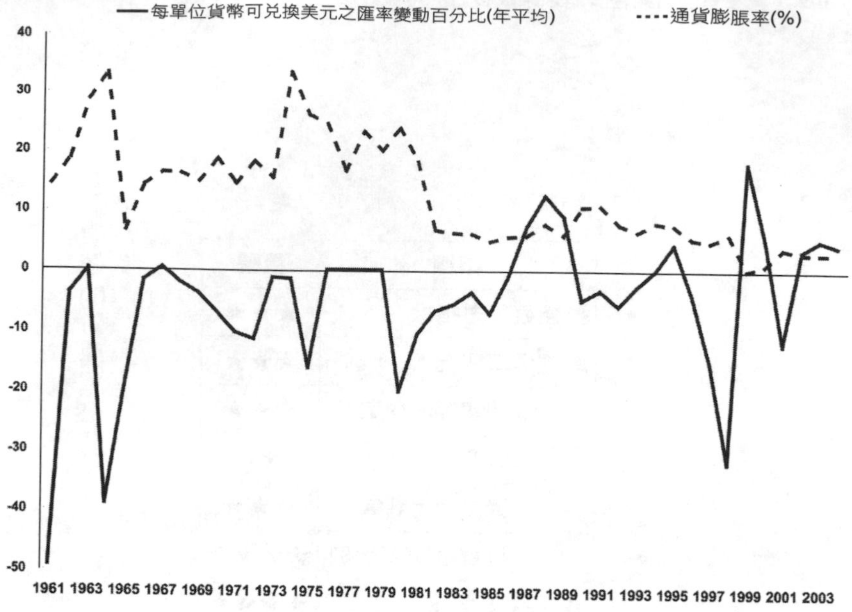
每單位貨幣可兌換美元之匯率變動百分比(年平均)
通貨膨脹率(%)
40
30
20
10
0
-10
-20
-30
-40
-50
1961 1963 1965 1967 1969 1971 1973 1975 1977 1979 1981 1983 1985 1987 1989 1991 1993 1995 1997 1999 2001 2003

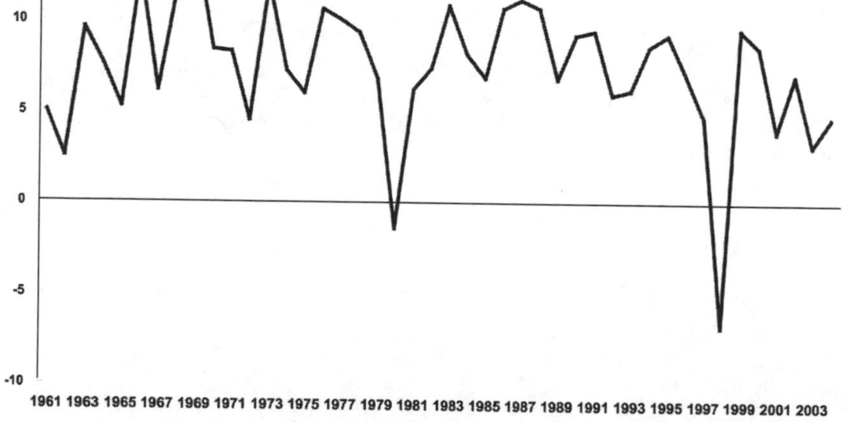
實質GDP成長率（%）
20
15
10
5
0
-5
-10
1961 1963 1965 1967 1969 1971 1973 1975 1977 1979 1981 1983 1985 1987 1989 1991 1993 1995 1997 1999 2001 2003

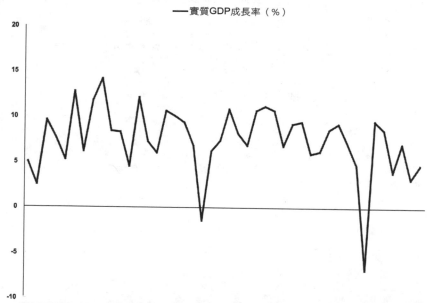

墨西哥

GDP成長率

墨西哥在經濟成長率方面，二〇〇三年和二〇〇四年分別為一・四%和四・四%，二〇〇五年預估為三%。一般預估未來幾年的成長應當可以維持在三%到四%之間，還算不錯。

經常帳餘額占GDP之比例

油價持續的攀升對墨西哥也是有正面的影響。不過墨西哥雖然有石油的輸出，貿易帳還是處於逆差的狀態。只是逆差的狀況還不至於太嚴重，占GDP比率在二〇〇三年至二〇〇五年分別為一・三%、一・一%與一・三%，未來的逆差狀況應該也會維持在這樣的水準，不至於發生令人不安的狀況。

雷達圖指標

就雷達圖（請參見第一〇八頁）上的資料來看，墨西哥的整體競爭力比該族群中位數國家略低，只有二顆星，這是墨西哥有待加強的。雖然墨西哥的整體競爭力指標顯示的得分不佳，總體經濟情況面的得分相較於其他國家是不錯的，至少顯示了墨西哥在通貨膨脹、投資部分的表現都很好。

不過，墨西哥今（二〇〇六）年七月二日要舉行總統大選。根據墨西哥憲法的規定，總統只能一任，現任總統福克斯（**Vicente Fox**）遂不能連任。各界看好**Andres Manuel Lopez Obrador**，但也有其他的競爭者，目前還無法預測誰將會在這次大選中脫穎而出，所幸幾位候選人中並沒有在意識型態上特別偏激的人出現。若是大選能在平和的狀況下選出下任總統，基本上墨西哥整體的經濟狀況還是可以維持在目前所預估的水準。

指標	星號
整體競爭力指標	★★
總體經濟情況	★★
總體經濟穩定	★★★
政府支出	★★★
國家信用評等	★★★
投資占GDP比例	★★
資訊科技能力	★
發明能力	★
資訊技術普及度	★
人力資本	★★
受教育平均年數	★
預期壽命	★★★
政治與公共政策	★★
政治穩定度	★★
法治程度	★★
貪污控制度	★★

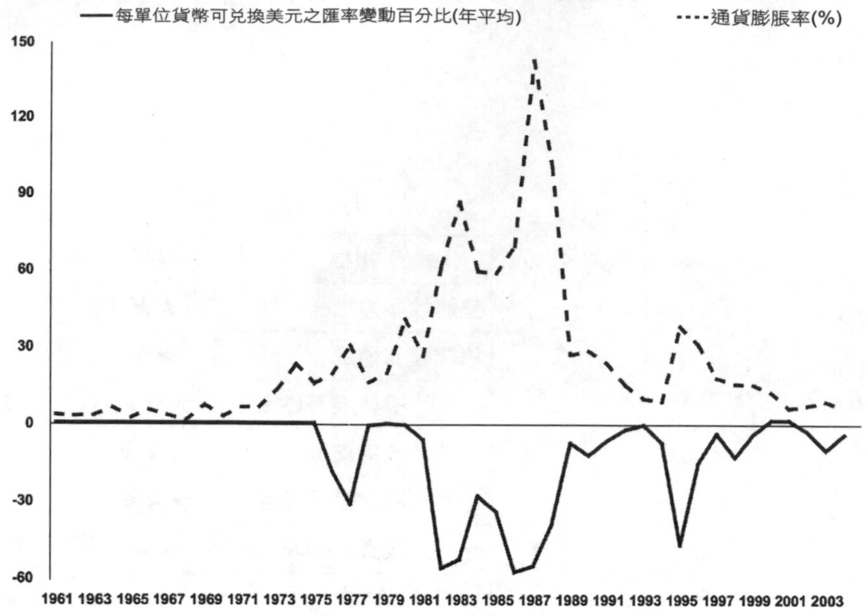

每單位貨幣可兌換美元之匯率變動百分比(年平均)
通貨膨脹率(%)
150
120
90
60
30
0
-30
-60
1961 1963 1965 1967 1969 1971 1973 1975 1977 1979 1981 1983 1985 1987 1989 1991 1993 1995 1997 1999 2001 2003

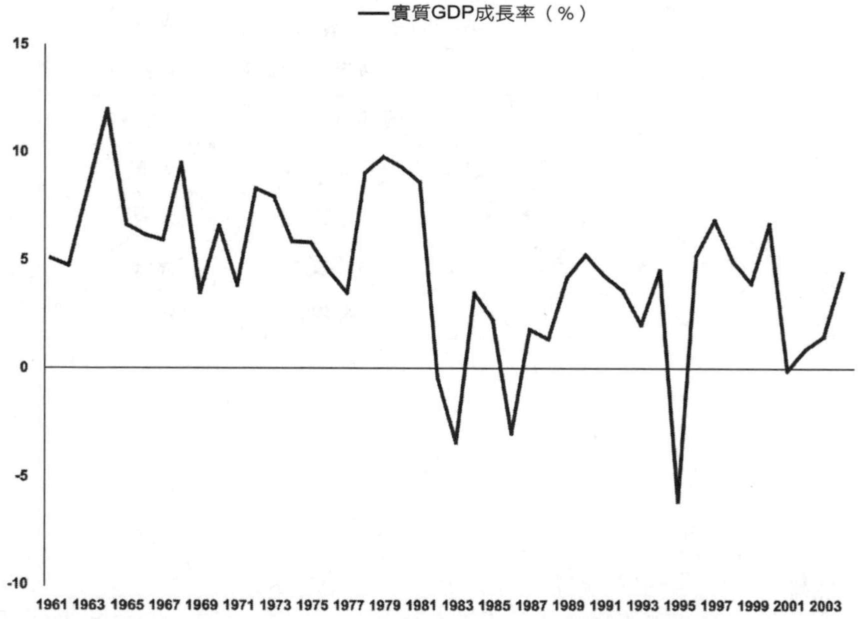

實質GDP成長率（%）
15
10
5
0
-5
-10
1961 1963 1965 1967 1969 1971 1973 1975 1977 1979 1981 1983 1985 1987 1989 1991 1993 1995 1997 1999 2001 2003

土耳其

GDP成長率

土耳其近年來的經濟成長力道相當強大，在二〇〇三年的經濟成長率為五・八％，而二〇〇四年甚至是高達九％。而二〇〇五年雖然成長率不如二〇〇四年的水準，但是一般預估應該還是有五％的水準，而這個成長力道應該至少會維持至二〇〇八年。

經常帳餘額占GDP之比例

在貿易方面，土耳其的經常帳一直都是處於逆差的狀況，二〇〇三年和二〇〇四年逆差占GDP的比例為三・四％和五・二％。而預估二〇〇五年會達到六％。不過一般認為，這個數字不會再惡化下去，甚至隨著油價的止穩，以及出口的擴張會逐漸改善。再加上最近土耳其逐漸興盛的觀光業，也為土耳其帶進相當龐大的外匯。

雷達圖指標

就雷達圖（請參見第一〇九頁）上的資訊看來，土耳其的整體競爭力指標的分數只比中位數國家高一些，得分為三顆星。不過，在這其中比較值得我們留意的是，土耳其之投資占GDP比例指標、資訊技術普及度指標，以及法治程度指標的得分相對來說是比較高的四顆星。但是，在總體經濟穩定指標的得分就非常的低，只有一顆星。

指標	星號
整體競爭力指標	★★★
總體經濟情況	★★★
總體經濟穩定	★
政府支出	★★★
國家信用評等	★★★
投資占GDP比例	★★★★
資訊科技能力	★★★
發明能力	★★★
資訊技術普及度	★★★★
人力資本	★★
受教育平均年數	★★
預期壽命	★★
政治與公共政策	★★★
政治穩定度	★★★
法治程度	★★★★
貪污控制度	★★★

最近值得大家注意的是，土耳其進入歐盟的入會協商效應開始出現，若是能正式加入歐盟，對於土耳其經濟來說，是一個相當有利的狀況。再者，土耳其的經濟和歐洲的關連性是相當緊密的，該國成長是否能達到預期的水準和歐洲經濟狀況有很大的關係。若是歐洲經濟能夠轉好，再加上土耳其順利進入歐盟，土耳其的經濟成長應該可以展現相當強的力道。

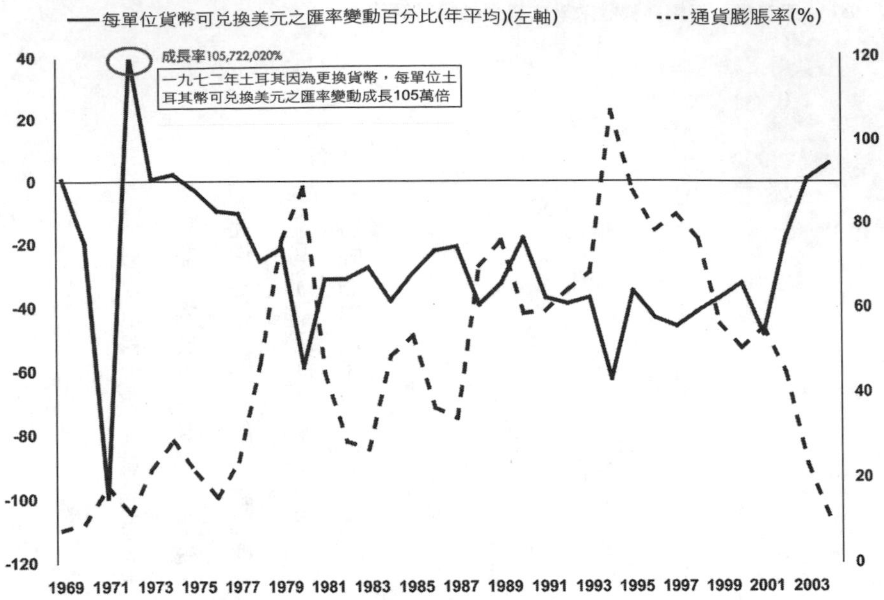

每單位貨幣可兌換美元之匯率變動百分比(年平均)(左軸)
通貨膨脹率(%)
成長率105,722,020%
一九七二年土耳其因為更換貨幣，每單位土耳其幣可兌換美元之匯率變動成長105萬倍
40
20
0
-20
-40
-60
-80
-100
-120
120
100
80
60
40
20
0
1969 1971 1973 1975 1977 1979 1981 1983 1985 1987 1989 1991 1993 1995 1997 1999 2001 2003

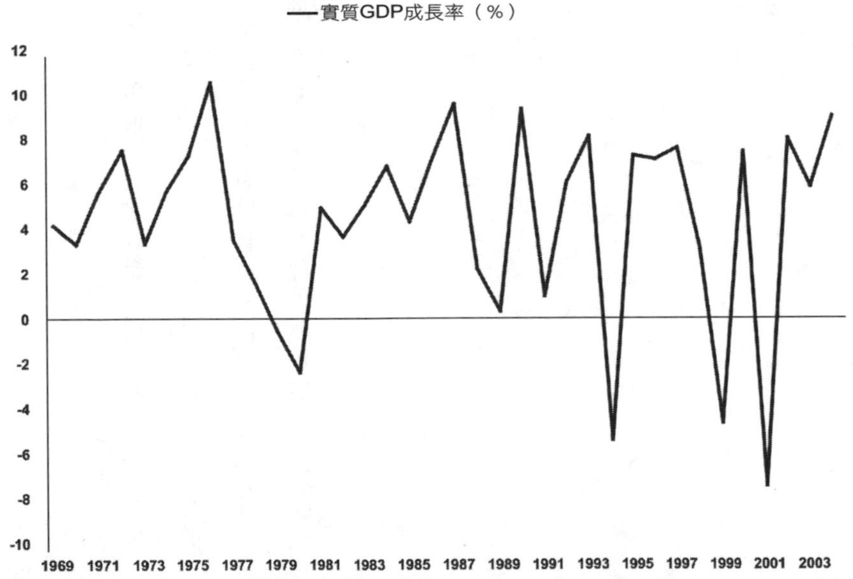

實質GDP成長率（%）
12
10
8
6
4
2
0
-2
-4
-6
-8
-10
1969 1971 1973 1975 1977 1979 1981 1983 1985 1987 1989 1991 1993 1995 1997 1999 2001 2003

泰國

GDP成長率

泰國二〇〇三年和二〇〇四年的經濟成長表現都非常亮麗，分別有七%和六・二%的水準。二〇〇五年也不錯，全年預估會有四・六%。在未來幾年，多數預測機構也都持續看好泰國經濟，預估至少能夠維持二〇〇五年的成長力道，甚至可能還略高。

經常帳餘額占GDP之比例

在貿易方面，二〇〇三年和二〇〇四年時泰國都是處於順差的狀況，但是二〇〇五貿易呈現逆差的狀況，而逆差占GDP的比例預估會在二%左右。不過，一般認為，若是油價不持續上漲的話，這個逆差的狀況不會持續惡化，甚至應當會好轉。這部分會是泰國的一個潛在危險。如果經常帳持續呈現逆差的狀況，沒有如各界預期的產生好轉，外資對於泰國也許會比較有芥蒂之心。

雷達圖指標

在雷達圖（請參見第一一〇頁）方面的資訊顯示，泰國整體競爭力指標的分數高於該族群中位數國家，得分為三顆星。而且，泰國除了預期壽命這項指標是略低於中位數國家的水準之外，其餘指標的得分都在三顆星之上。其中，總體經濟穩定指標則是四顆星的水準。另外在國家信用評等、投資占GDP比例的得分也都相當高。整體來看，總體經濟情況還算是不錯。

指標	星號
整體競爭力指標	★★★
總體經濟情況	★★★★
總體經濟穩定	★★★★
政府支出	★★★★
國家信用評等	★★★★
投資占GDP比例	★★★★
資訊科技能力	★★★
發明能力	★★★
資訊技術普及度	★★★★
人力資本	★★★
受教育平均年數	★★★
預期壽命	★★
政治與公共政策	★★★
政治穩定度	★★★
法治程度	★★★★
貪污控制度	★★★

泰國傳統上對於貨幣政策就是採取較為保守的態度，因此不論是通貨膨脹或者是政府預算方面都能夠控制在一個穩定的水準。不過，泰國現在有反對黨的人要求總理塔克辛下台，塔克辛也宣布提前舉行大選。一般預料由他領導的政黨還是可以贏得選舉，他應該也可以續任總理一職。但是反對者訴諸街頭運動，而且愈演愈烈，完全針對他而來，因此到時候他是不是會續任還不清楚，這是泰國在政治上一個較不確定的狀況。

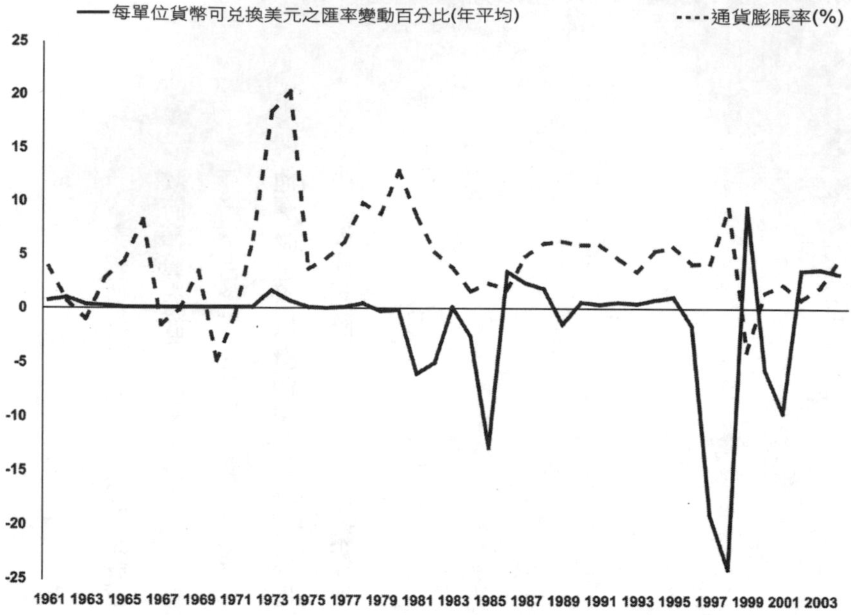

—每單位貨幣可兌換美元之匯率變動百分比(年平均)
----通貨膨脹率(%)
25
20
15
10
5
0
-5
-10
-15
-20
-25
1961 1963 1965 1967 1969 1971 1973 1975 1977 1979 1981 1983 1985 1987 1989 1991 1993 1995 1997 1999 2001 2003

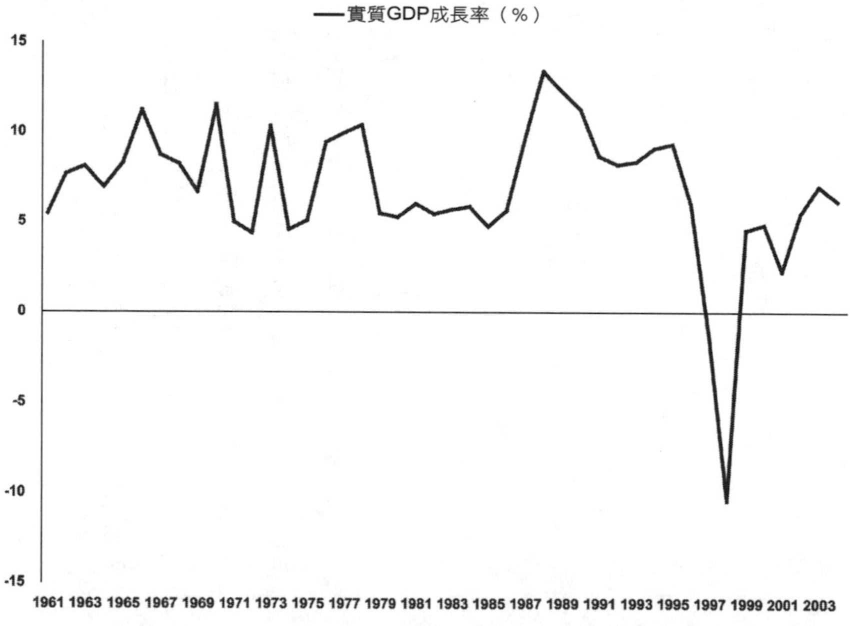

—實質GDP成長率（%）
15
10
5
0
-5
-10
-15
1961 1963 1965 1967 1969 1971 1973 1975 1977 1979 1981 1983 1985 1987 1989 1991 1993 1995 1997 1999 2001 2003

菲律賓

GDP成長率

菲律賓的經濟成長率在二〇〇三年及二〇〇四年分別是三・六％與六・一％。二〇〇五年預估為四・七％。艾若育的政權前陣子曾經宣稱遭受到政變的威脅，目前好像又穩定下來了，不過這畢竟是一個令人不安的狀況。另外一個對於經濟狀況影響較大的因素則是政府預算的赤字。二〇〇三年政府預算赤字占GDP的比例為四・七％，二〇〇四年為三・九％，都算偏高，二〇〇五年的比例應該也會在四％左右。在這種情況下，加上有一些通貨膨脹的疑慮，中央銀行開始採取一些比較緊縮的貨幣政策，未來的成長率可能達不到二〇〇五年的水準，不過應該還是在四％之上。

經常帳餘額占GDP之比例

在經常帳方面，目前是順差的狀況，二〇〇三年至二〇〇五年順差占GDP的比例分別是一・八%、二・五%和四・三%。有很多菲律賓人是在海外工作，每年會匯入大量的外匯，是經常帳呈現順差的重要原因。如果扣除這個部分的外匯匯入，單就貿易面來看，經常帳是處於逆差。如果這種匯入情況沒有改變的話，菲律賓未來的經常帳應該還是維持在順差。

雷達圖指標

在雷達圖（請參見第一一一頁）方面的資訊，菲律賓的整體競爭力指標得分略低於中位數國家，僅得二顆星。在眾多指標的得分中，菲律賓之投資占GDP比例，以及政治穩定度指標的得分相當低，只有一顆星。相較之下，較為傑出的算是資訊科技方面的表現，有三顆星的水準。

指標	星號
整體競爭力指標	★★
總體經濟情況	★★
總體經濟穩定	★★★
政府支出	★★
國家信用評等	★★★
投資佔GDP比例	★
資訊科技能力	★★★
發明能力	★★★
資訊技術普及度	★★★
人力資本	★★★
受教育平均年數	★★★
預期壽命	★★
政治與公共政策	★★
政治穩定度	★
法治程度	★★
貪污控制度	★★

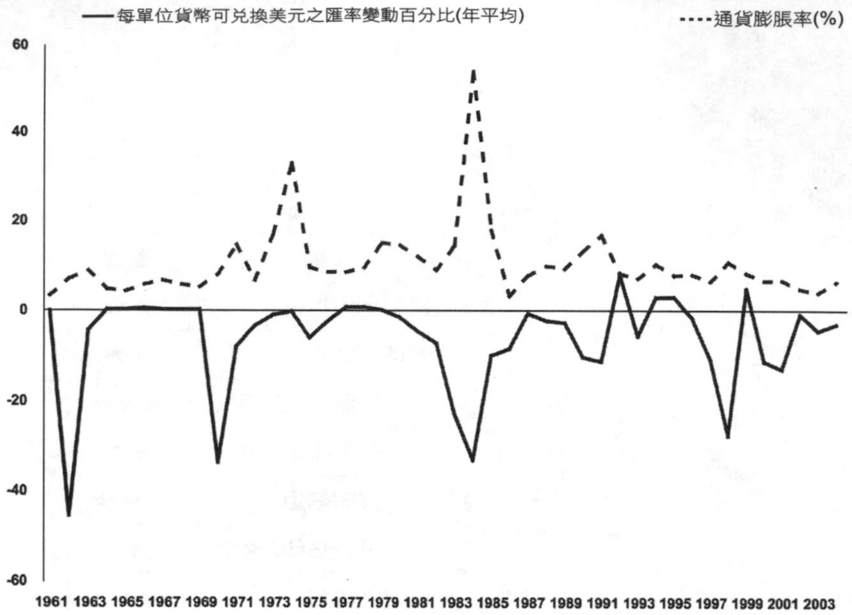
每單位貨幣可兌換美元之匯率變動百分比(年平均)
通貨膨脹率(%)
60
40
20
0
-20
-40
-60
1961 1963 1965 1967 1969 1971 1973 1975 1977 1979 1981 1983 1985 1987 1989 1991 1993 1995 1997 1999 2001 2003

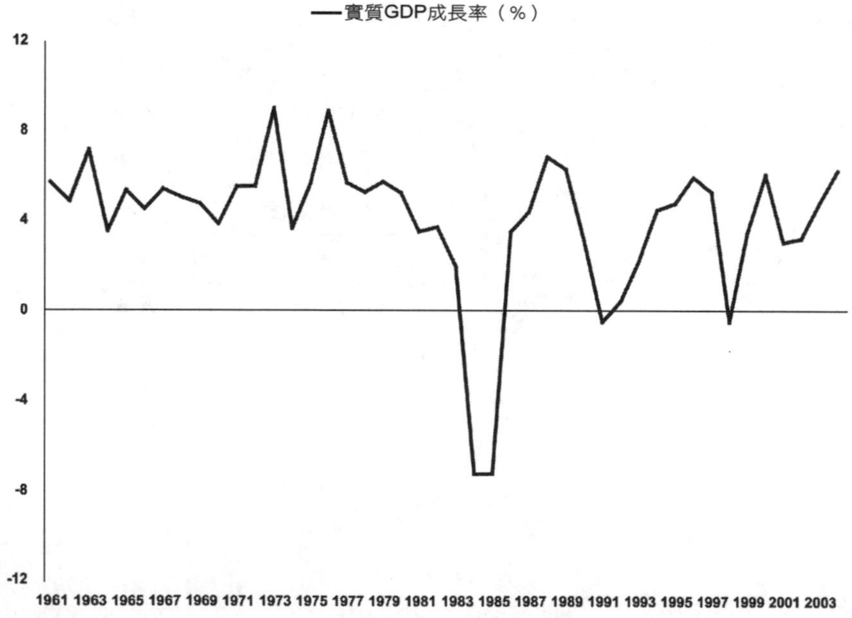
實質GDP成長率（%）
12
8
4
0
-4
-8
-12
1961 1963 1965 1967 1969 1971 1973 1975 1977 1979 1981 1983 1985 1987 1989 1991 1993 1995 1997 1999 2001 2003

印尼

GDP成長率

印尼雖然曾發生一些恐怖攻擊，但是整體來看政治算是穩定，在經濟成長方面也算不錯。在二〇〇三年和二〇〇四年分別成長了四・九％和五・一％，今年預估可以達到五・三％的水準，未來幾年的成長率應該也會是在五％左右的水準。在國內的政策方面，政府為了解決長期補貼國內能源、燃料價格的壓力，大幅調高油價，調幅超過一倍。為了防止油價提高所引發的通貨膨脹問題，中央銀行也提高了利率，採取較緊縮的貨幣政策。這個緊縮狀況是否會持續下去，造成了投資人的疑慮，因此去（二〇〇五）年第四季的投資成長率下幅大跌。不過，一般認為這應該是短暫現象，不久之後會恢復到正常水準。

經常帳餘額占GDP之比例

在經常帳方面，印尼是產油國，但是順差情況不大，而且這幾年有日益縮小的狀況。根據估計在未來幾年甚至可能會出現逆差的狀況，不過，即使是出現逆差，情況也不至於太嚴重。

雷達圖指標

在雷達圖（請參見第一一二頁）的指標方面，印尼的整體競爭力指標分數為二顆星。而印尼在總體經濟情況指標、總體經濟穩定指標、政府支出指標及投資占GDP比例這四個指標的表現相對來說是比較好的，有三顆星的水準。其他的指標的分數也都在二顆星的水準之下，尤其是政治與公共政策指標只有一顆星，這顯示了印尼政府在政治與公共政策方面還有相當大的努力空間。

指標	星號
整體競爭力指標	★★
總體經濟情況	★★★
總體經濟穩定	★★★
政府支出	★★★
國家信用評等	★★
投資占GDP比例	★★★
資訊科技能力	★★
發明能力	★★
資訊技術普及度	★★
人力資本	★★
受教育平均年數	★
預期壽命	★★
政治與公共政策	★
政治穩定度	★
法治程度	★
貪污控制度	★

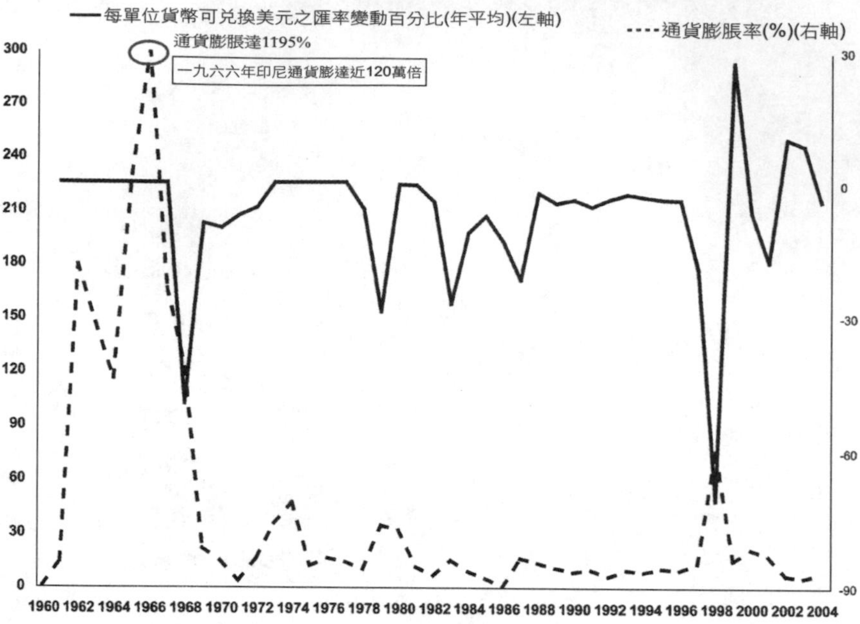
每單位貨幣可兌換美元之匯率變動百分比(年平均)(左軸)
通貨膨脹率(%)(右軸)
通貨膨脹達1195%
一九六六年印尼通貨膨達近120萬倍
300
270
240
210
180
150
120
90
60
30
0
30
0
-30
-60
-90
1960 1962 1964 1966 1968 1970 1972 1974 1976 1978 1980 1982 1984 1986 1988 1990 1992 1994 1996 1998 2000 2002 2004

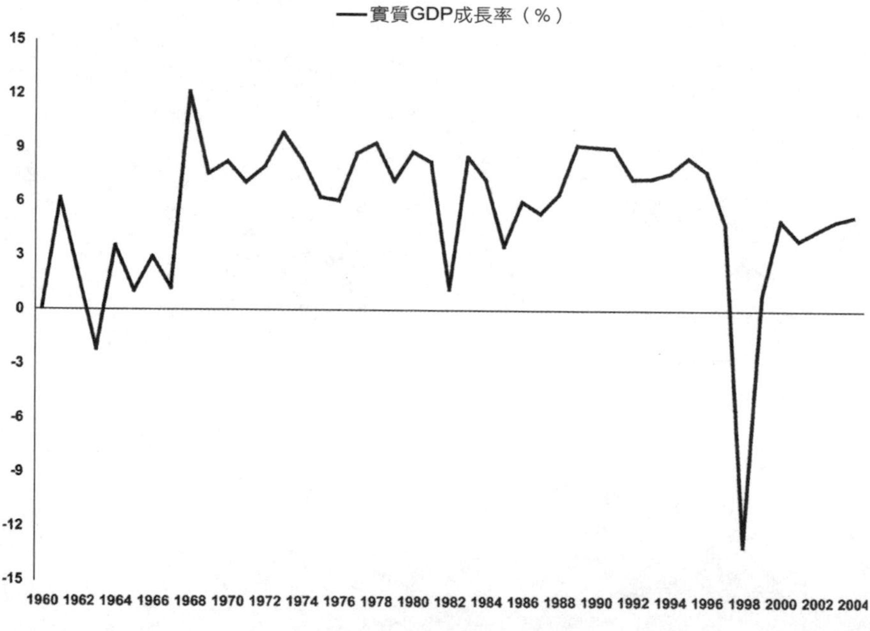
實質GDP成長率（%）
15
12
9
6
3
0
-3
-6
-9
-12
-15
1960 1962 1964 1966 1968 1970 1972 1974 1976 1978 1980 1982 1984 1986 1988 1990 1992 1994 1996 1998 2000 2002 2004

綜合評析：燈號

以上分別討論了各國的三個面向：未來數年GDP成長預估、經常帳盈虧占GDP比率，以及本研究所定義的整體競爭力指標（OCI）。這其中，GDP成長預估通常反應過去的基礎以及較短期的需求面變動，OCI則反應長期的成長環境；經常帳的加入，指引了外匯累計的狀況和未來幣值可能產生的變動。然後，我們就本書所涵蓋的十個經濟體彼此互相比較，將這三個面向加權平均，就得到綜合燈號了，代表對於各國未來中期（三年至五年）成長高低及可持續性的一個綜合看法。

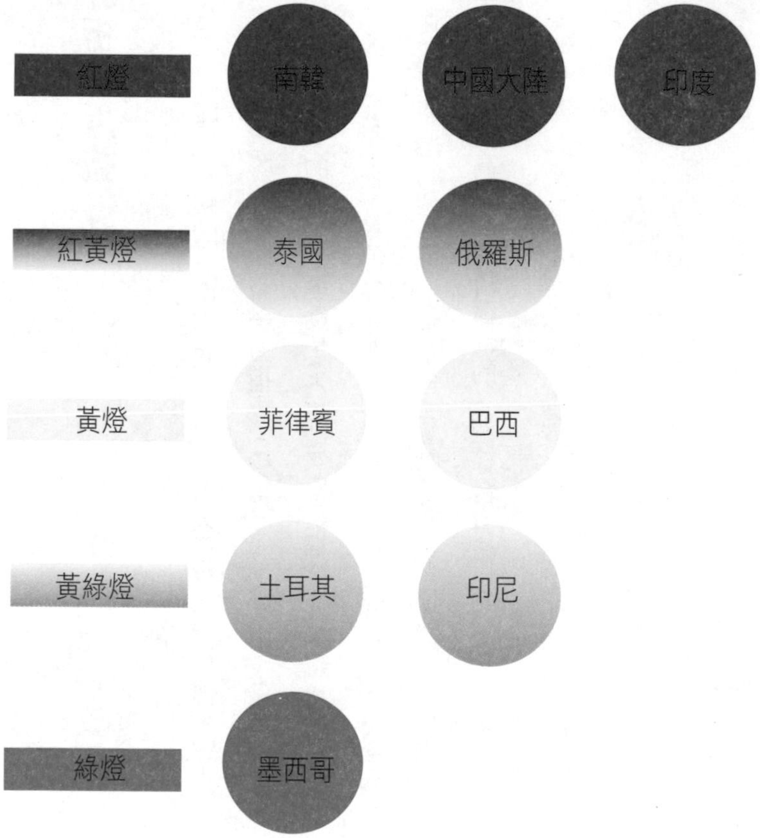
紅燈
南韓
中國大陸
印度
紅黃燈
泰國
俄羅斯
黃燈
菲律賓
巴西
黃綠燈
土耳其
印尼
綠燈
墨西哥

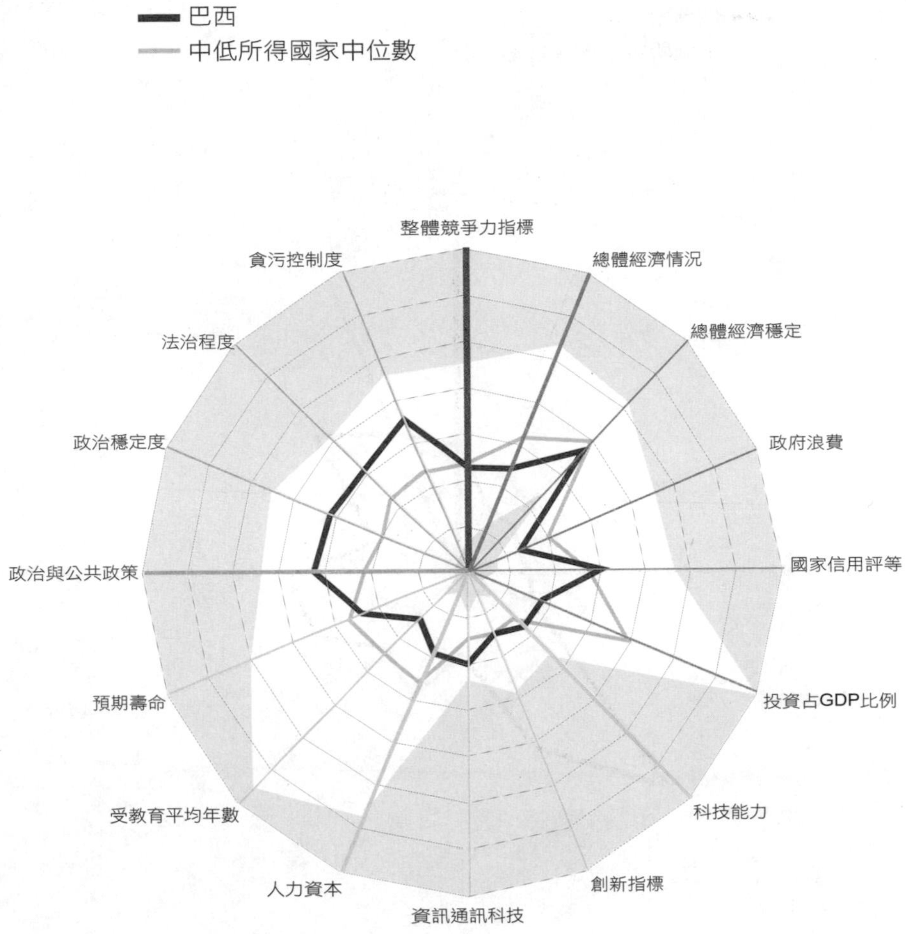

圖中白色部分為該族群之最高分與最低分所圍成之範圍

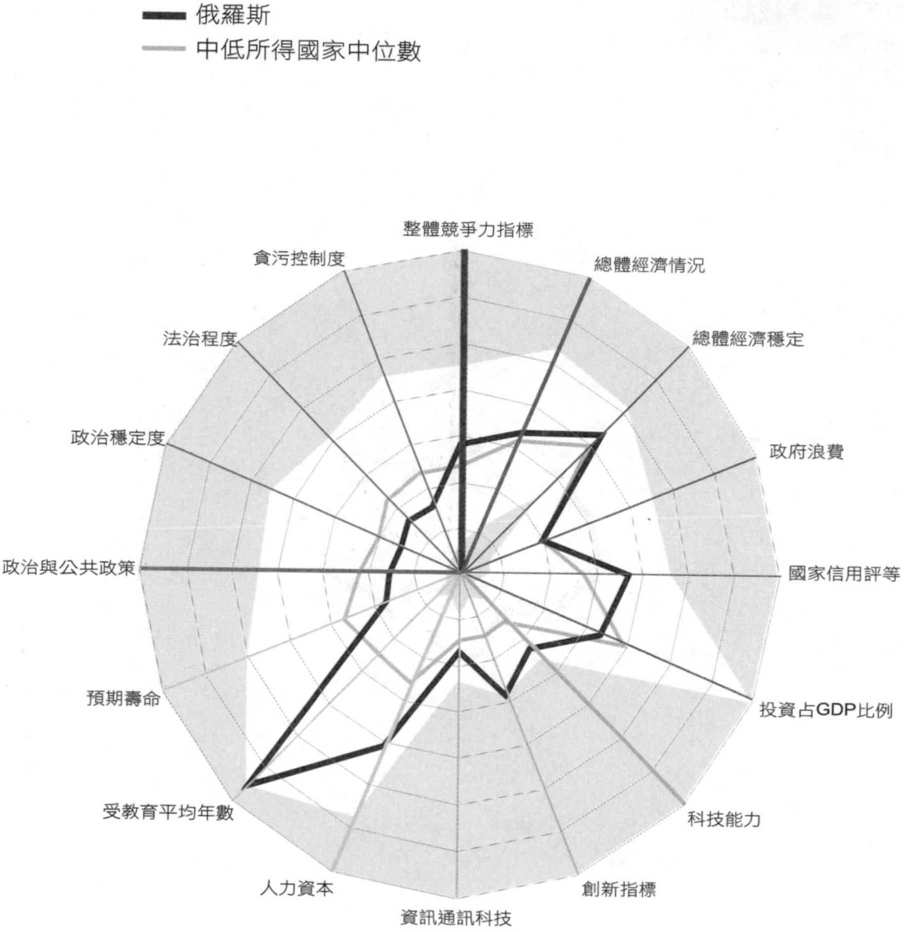

圖中白色部分為該族群之最高分與最低分所圍成之範圍

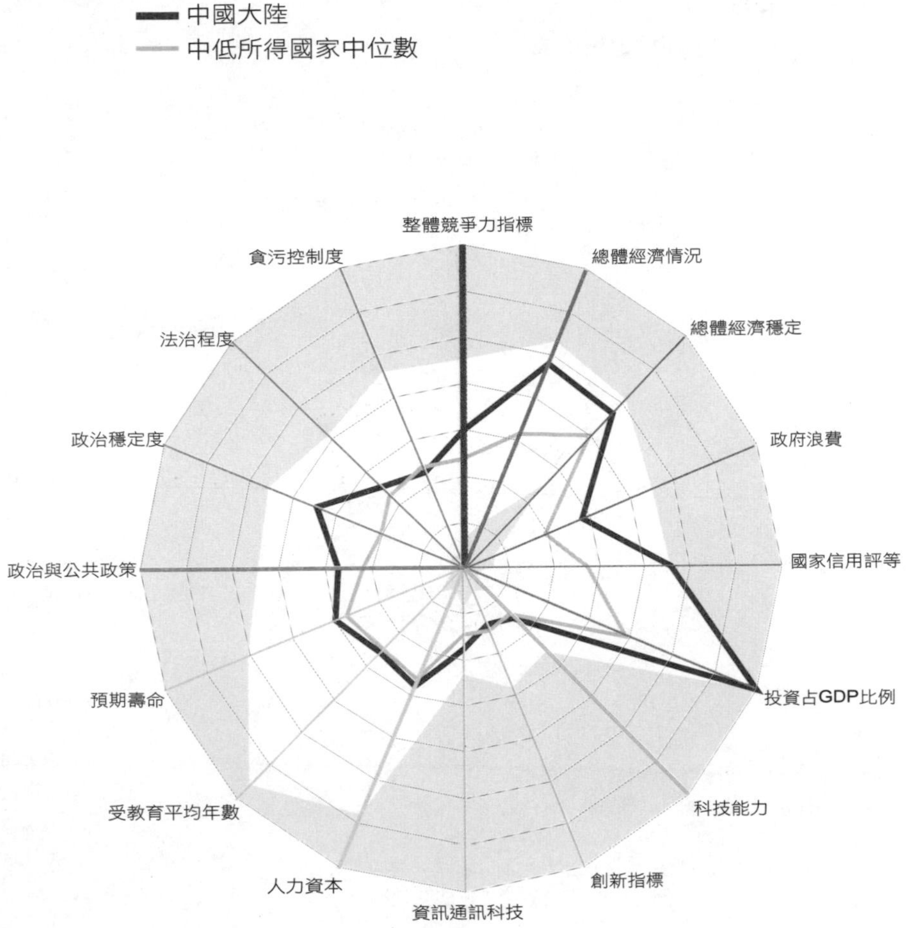

圖中白色部分為該族群之最高分與最低分所圍成之範圍

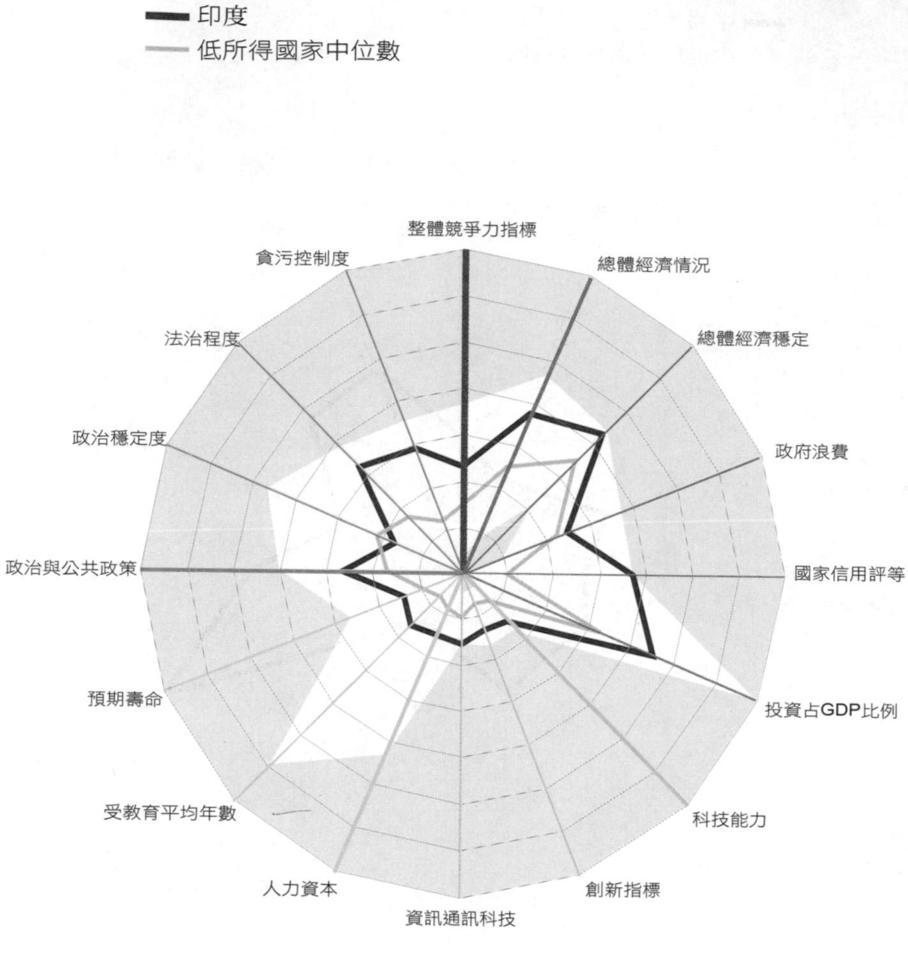

圖中白色部分為該族群之最高分與最低分所圍成之範圍

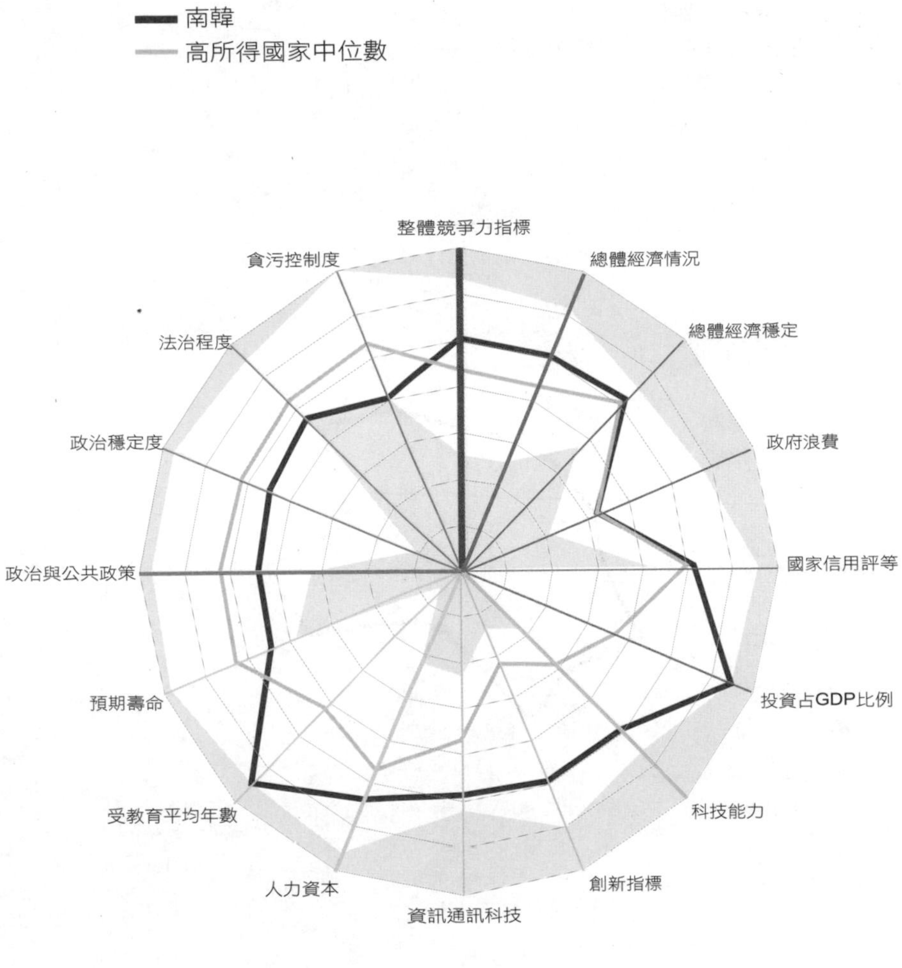

圖中白色部分為該族群之最高分與最低分所圍成之範圍

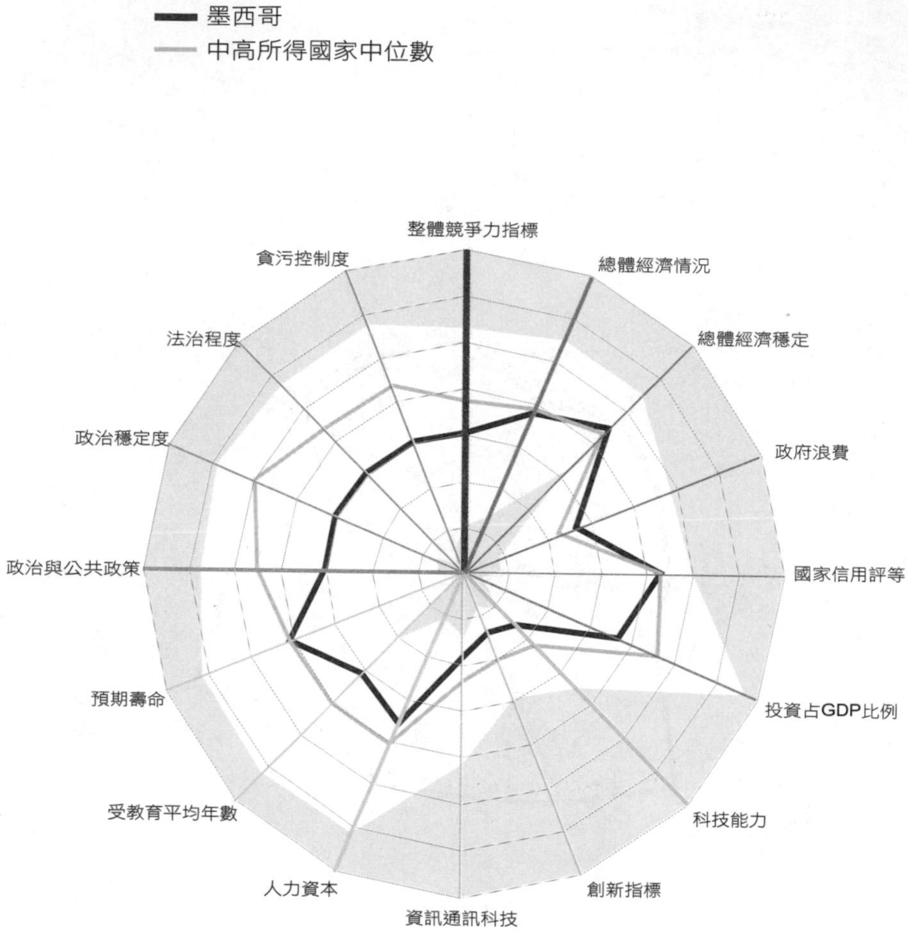

圖中白色部分為該族群之最高分與最低分所圍成之範圍

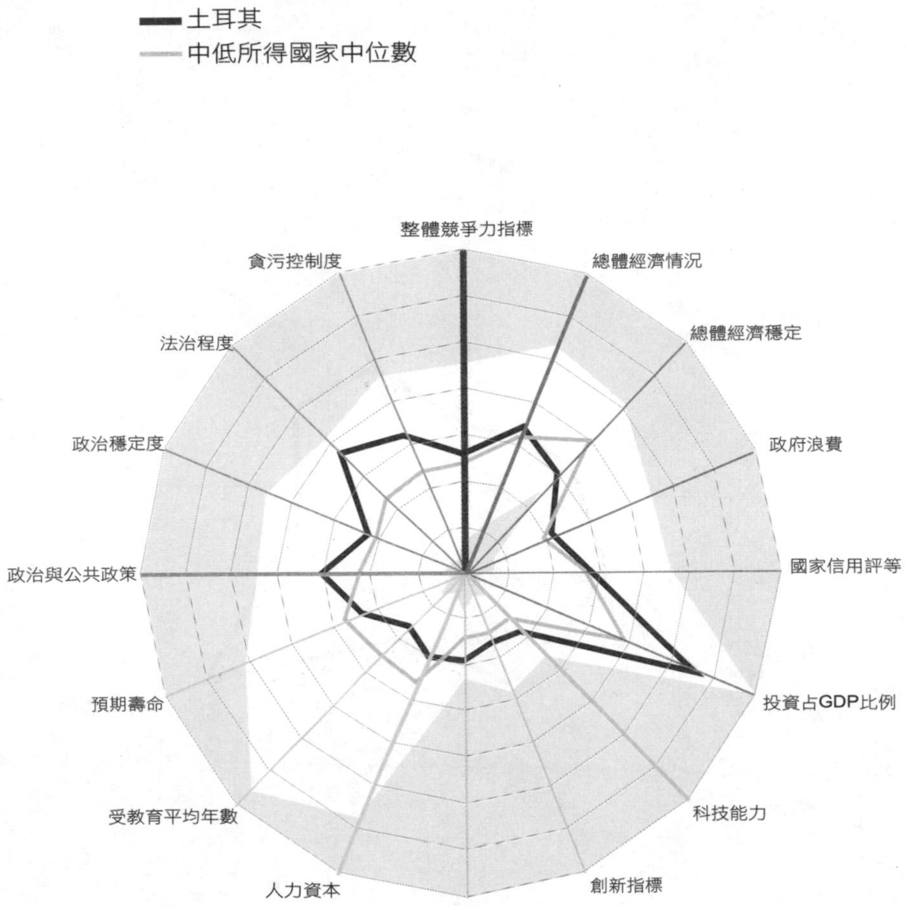

圖中白色部分為該族群之最高分與最低分所圍成之範圍

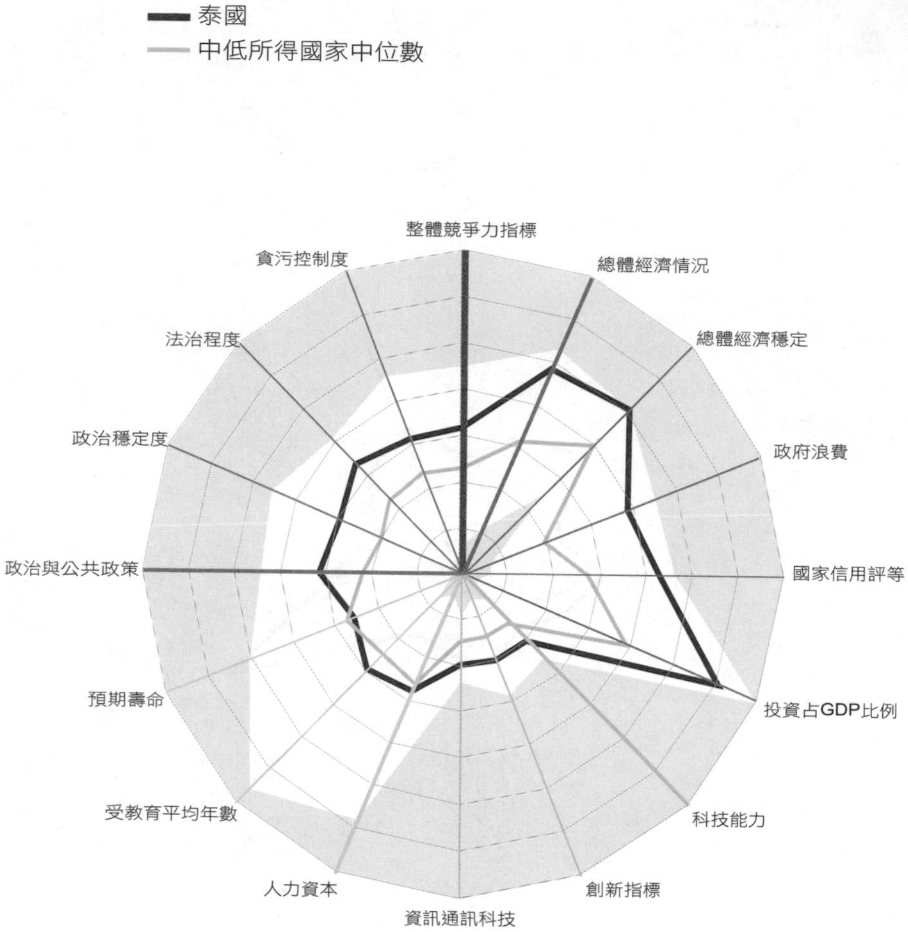

圖中白色部分為該族群之最高分與最低分所圍成之範圍

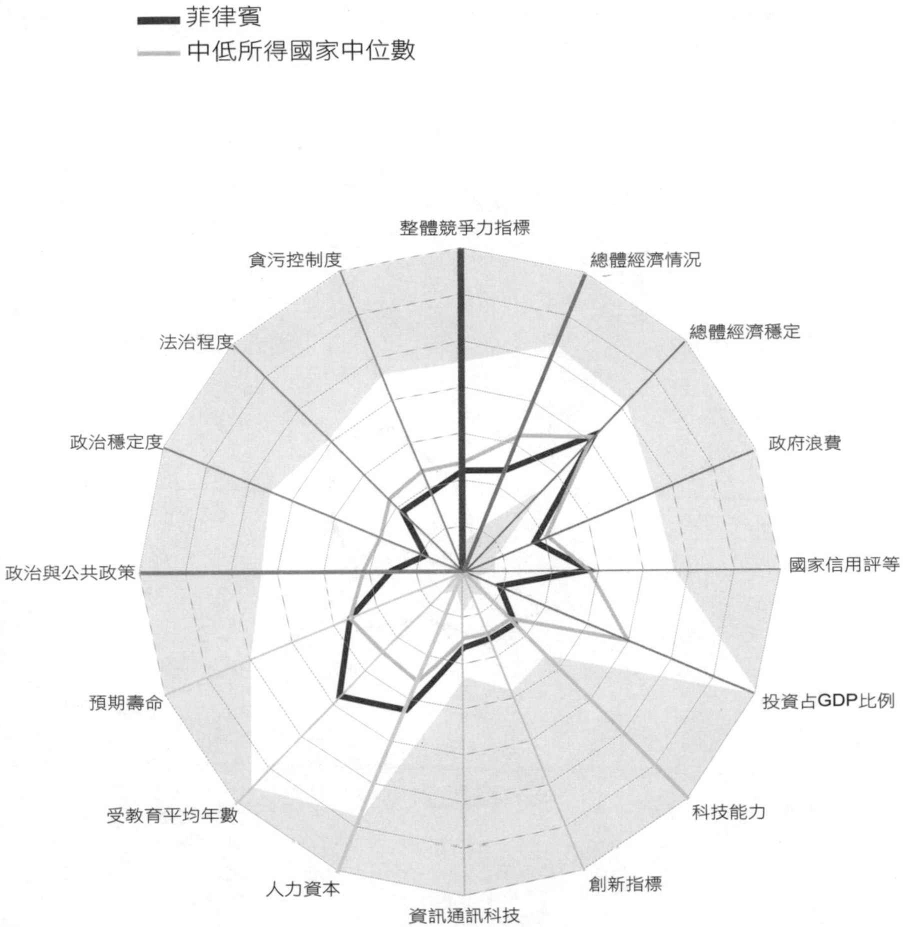

圖中白色部分為該族群之最高分與最低分所圍成之範圍

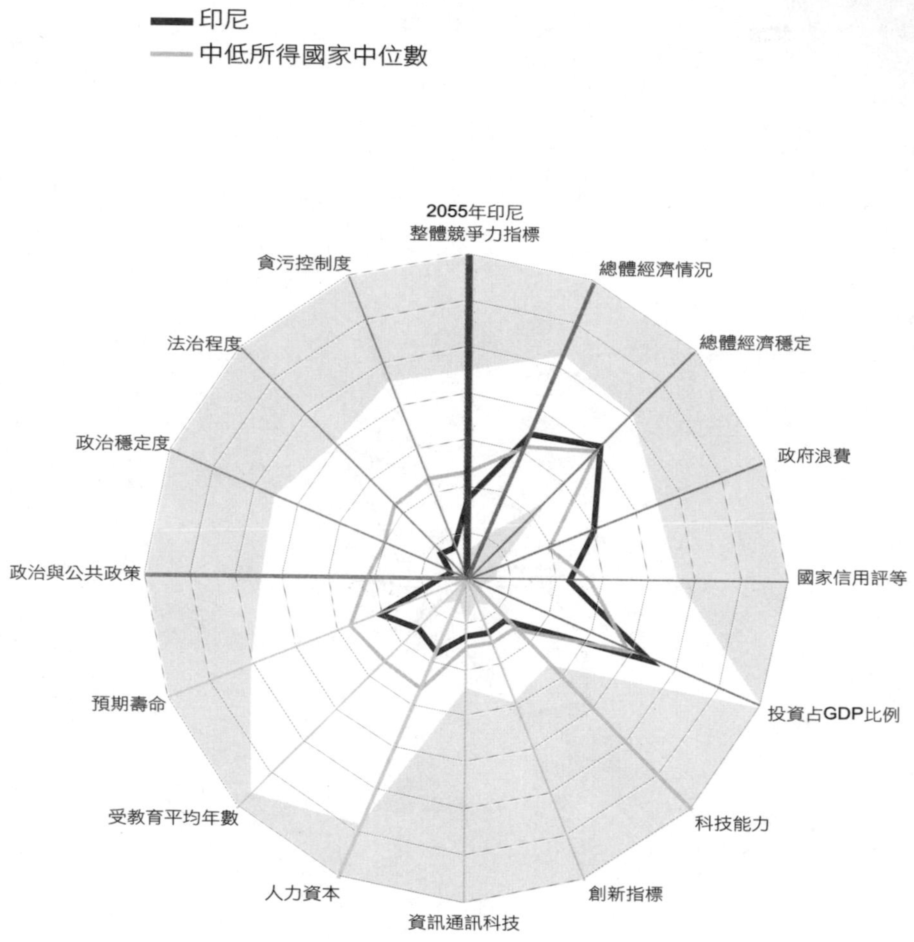

圖中白色部分為該族群之最高分與最低分所圍成之範圍

Chapter 3

全球資產配置：
作一個有智慧的金融產品消費者

不要被過去的高報酬率誤導

金融產品消費者在進行投資理財規劃的時候，常常會受到誤導。舉例來說，我們可能會在某個報章雜誌上看到「最近一年來東歐基金報酬率居冠」的標題，當你進一步看完整篇文章之後，是不是有一股「心動不如馬上行動」的衝動？其實在你行動之前，應該要先冷靜的思考一下，標題上的高報酬率，是否伴隨了超高風險？也要冷靜想想，所謂的高報酬率，指的是基金過去的表現，還是預測未來的表現？過去對你而言只能參考，重點在未來。

一般在作基金的評比時，常常將所有的基金放在一起，然後比較其投資報酬率的高低。比如說，當你進入某一個網站時，你可能會發現有下列的狀況：過去一年，所有海外基金中，報酬率最高的前五名都是東歐股票型基金，只是發行的基金公司不同。看到這樣的報導後，如果就決定把資金投入這前幾支基金，是不是正確的？基本上，這不會是一個好的決定。第一，你對東歐股票市場的了解夠不夠？未來會不會繼續漲，還是已經過熱，要不要選其他的地區，你確定嗎？第二，這幾支基金可能報酬率都很高，但會有不同的風險，你考慮過他們彼此間風險的比較了嗎？第三，這幾支基金可能有的以美元，有的以歐元計價，這二者你要選擇哪一種，還是二者都不要？

在進行海外資產配置處理的時候，如果單從過去一段時間報酬率的面向來決定是否要進場，問題就大了。舉例來說，如果台灣某家上市公司去年股價的漲幅達到一倍，而去年大盤的漲幅只有五％，這當然顯示這家公司去年股價的表現很好，去年在適當時機進場的投資人都有相當不錯的獲利。但是，若你在某篇報導上看到這個數字，才決定去進場去買這支股票，未來獲利結果如何就很難說了。因為，去年股價上漲一倍一定有其理由，這個理由所引起的效應還能讓今年或是未來的股價持續上漲嗎？本益比是不是已經太高了？這些都要考慮。有可能這支股票已經過熱，快要回檔了，所以，你剛好成為「最後一隻老鼠」。媒體上所報導的報酬率是過去的數字，並不代表未來基金的表現。其實很多基金在簡介上也都對這點有明確的標示，只是投資人大多沒注意。

小心廣告不實或引人錯誤

過去筆者曾經義務性的擔任消基會副祕書長一職，也曾經擔任行政院公平交易委員會委員，當時看到很多的消費者上當受騙，其實都是因為被不當的訊息所誤導的關係。這種誤導的情況有時是業者故意提供錯誤的訊息，有的卻是訊息無誤，但帶給消費者的印象與事實不符。就如同前例，過去的投資報酬率是過去的表現，不是未來，但是消費者往往把這個訊息解讀成未來報酬率的縮影，因而形成了誤導。

又比如說，前陣子市場上流行保本型的結構債券。很多金融機構在銷售這項投資商品的時候，都會把它的報酬作一些其他指數的連結，例如連結到避險基金指數，或者是摩根史坦利MSCI全球指數，以期吸引更多的投資人來認購。他們會在銷售的時候極力強調，若是避險基金指數上漲的話，結構債的淨值也會跟著增加。這樣的宣傳手法相當吸引人，很多投資人會覺得這樣的產品設計不錯。因為一來，這樣的保本型結構債在一定期間如八年或十年之後都能拿回本金；二來，在這段期間內，還可能會有一些配息；三來這個債券所連結的指數如果上升，還有「紅利」。前一陣子避險基金很熱門，號稱有很多種不同的策略，有的是和併購有關，有的是押寶單一事件，有的專門做可轉換公司債，也有的押寶匯率，若是看避險基金指數的走勢，都是一路往上揚，很多投資人預測未來也會有相當的榮景，如此一來，認購連結避險基金指數的結構債就相當踴躍。其他的連結標的也各有其表現，吸引了大批投資人認購。國內這幾年來認購這種結構債的金額，據估計達到新台幣七千多億元。

但是在大家認購以後，有些人開始發現情況似乎不如當初預期一般的美好。這種獲利不如預期的狀況有各式各樣的原因。有一種可能是當初銷售的廣告或說明引人錯誤。例如，有些以避險基金為連結標的的債券，在一開始，避險基金指數意外的下跌了，基金淨值也下跌，而且跌幅遠大於指數，等到後來避險基金指數回升，還超過原來水準時，卻發現基金淨值並沒有因此而回到原來的水準，還是比原來購買時低很多。真正的原因有二，一是避險基金指數意外的下跌時，經理人慌亂了，買了許多選擇權，想要回本，沒想到指數繼續探底，這些選擇權都喪失了價值，但這種風險狀況在當初的說明書內並沒有說明；第二，銷售機構一銷售出去，就分得豐厚的佣金，從淨值中扣除。所以，許多認購這些債券的消費者發現，從認購的第一天開始，就套牢了，一套就要八年或十年，到時只拿得到本金，所有的利息都變成了對金融機構（包含原始發行機構和銷售機構）的「贈與」，相當悽慘。

也有時候，不一定是因為當初發行或銷售金融機構有不法或是引人錯誤的行為而套牢，而是因為全球整個經濟環境的改變使然。

例如，由於美國Fed（等於我們的中央銀行）開始一連串的升息動作，導致當初和利率連結（利率不漲或漲幅不大則配息者）的結構債，都發生了收益大幅下跌的情況，一樣套牢。

再者，許多事件與原先預期不符，也會使得避險基金措手不及。比如說，大部分操作貨幣的避險基金在當時都是放空美元的，但是Fed進行了一連串的升息，加上很多新興國家，像是中國大陸、日本等，並沒有因為美國龐大的經常帳赤字而不持有美元，反而是大量購買美國債券，石油出口國也是一樣，美元就走強了。如此一來，當初放空美元的避險基金都損失慘重，很多人也因此而套牢了。這些人所認購的結構債淨值太低，只好等到到期後拿回本金，如果在到期前賣掉，會遭受重大的損失。

由這些例子可以看出，金融消費市場充滿了陷阱，就和消費者面對一般商品的市場一般。只是比起購買房屋、汽車、冰箱、電視之類的商品，金融陷阱可能更可怕，因為牽涉的專業太多。在過去鼓勵儲蓄的高利率時代，人們只要將錢存入銀行的定存中，就可享受六%左右的高利率。曾幾何時這種情況已經不存在了。處於微利時代中的我們，如果將錢存入銀行的定存中，名目上雖然有利息的收入，但實質上可能是倒貼銀行的。因為，目前的利率非常低，有時比通貨膨脹率還低，相減之下，實質利率是負值。在這種情況下，大家並不願意將錢存入銀行，想將資金投入其他的金融市場進行理財的規劃，但又不容易找到透明而可靠的路徑。

在進行投資理財規劃時，就和購買一般的民生商品一樣，要先貨比三家才不致於吃虧。只是，消費者對於一般商品有使用的經驗，了解及認識較深，但是普遍來說，多數消費者對於金融商品的認識非常有限，對於海外型商品尤其如此。光弄清楚金融商品本身的特性就已經是一個難題了，更何況要再進一步了解此項金融商品所牽涉到的相關資訊。因為如此，一般投資人在進行投資理財規劃時，通常會求助於金融機構的理財人員，或是請朋友推薦，或甚至於看廣告來決定。在這種情況之下，投資人通常必須聽從他人的建議來決定要進行何種投資時，就牽涉到資訊不對稱的問題。對多數的金融機構負責銷售的理財人員而言，他們有一定的業績壓力，必須將公司設計或代理的產品銷售出去，好的產品要賣，不理想的產品也要賣，即使銷售人員自己對於產品風險沒有充分認知時也要賣。賣完一批就換下一批。如果你去找他們的時候，剛好碰到一個正在賣的好產品，固然很好，但也可能碰到一個剛好正在賣的不良產品，就掉入陷阱了。在這樣一個充滿了陷阱的市場中，投資人，也就是金融消費者，該何去何從才能避免上當呢？

分散風險

在此介紹幾個原則。第一，有句話一定要牢記在心，那就是「天下沒有白吃的午餐」。這句話是從成本面來考量的，意指，當你要獲得一些東西時，你就必須付出一些代價。將其應用在金融消費方面就是，當你想獲取較高的報酬時，通常就得承擔較高的風險。是寧可承擔高風險也要獲取較大的報酬，還是寧可保守些，只要獲取一定的報酬即可，端視個人的選擇。這個選擇並不是終其一生都不變的。舉例來說，一般所說的「一人吃全家飽」的單身貴族，因為負擔較小，因此可以承擔較高的風險，但是隨著年紀的增長，成家立業後，所要考慮的因素較多，因此承擔風險的能力會逐漸降低。等到退休後，由於沒有固定的收入，此時承擔風險的能力最低，因此會選擇較為保守的金融商品。

第二，在了解自己的風險承擔能力後，就要開始進行一些篩選的動作，因為即使你現在是處於單身貴族時期，也不表示所有高報酬的金融商品都值得考慮。原因很簡單，因為為了達到同樣的高報酬，有些產品風險較小，有些較大；沒有理由去買後者。所以，在進行投資組合的規劃前，應當先排除風險高但是報酬卻不高的「次級」商品，確保自己所考慮的都是「頭等級」商品才行。偏好穩定收益的投資人，一樣要去除掉風險雖低，但報酬率也偏低的「次級」商品。先作篩選過濾，再來作選擇，才是正確的。

第三，切記要「分散」。俗話說的好，「千金難買早知道」，世上很多事都是很難預料，市場是很難捉摸的。就連美國的「股王」巴菲特在過去一年也因為放空美元而遭受龐大的損失。當然這世上還是存在著很多獲利的機會，端視投資人能否抓到而已。如果你接到的資訊是第一手的資訊，是別人無法獲得的，而且是正確的，那麼恭喜你，獲利的機會相當大。但是，這種情況很少出現，通常資訊的來源是一般媒體，那就要看讀者如何解讀了。在有不確定的解讀時，最好的配置方法就是「分散」，也就是「不要將所有的雞蛋都放在同一個籃子裡」。這裡所指的分散牽涉至少三種，第一是金融商品種類的分散，二是投資地區的分散，三是幣別的分散。

以幣別而言，若是無法確定預期未來何種貨幣會走強時，就讓自己的投資分散在不同的幣別；也就是說，金融商品有的是以新台幣計價、有的以美元計價、有的以歐元、日圓或其他貨幣計價。通常來說，自己所處國家的幣別會有一定的權重，然後其他幣別的比重就要看未來各國貨幣的走勢來決定。如果無法確定這些貨幣的未來走勢，或不同理財人員給你不同意見，無法判定，也可以依照不同國家GDP占全球GDP的比率，來決定各國貨幣持有的比重。

金融商品的「分散」就更重要了；海外金融商品尤其如此。通常的建議是，要三者兼具：定存、股票、債券。定存收益最低，但幾乎沒有風險，而且現在許多外幣的定存利率相當吸引人；股票平均收益最高，風險也最高；債券居於二者之間。三者兼具，整體風險降低。比如說，某一國家的股市因一些特殊事件而崩盤時，你手中握有之股票基金的淨值可能就會下跌，但此時你手中還有其他的部位，例如定存或是債券，受到的影響就會減輕很多。相反的，若是利息無預警的上升，直接受到影響的就是債券基金淨值的下跌，但是沒有關係，你手上還有定存和股票基金，也就分攤了風險。除非你選擇的商品之間存有高度相關，或都面臨同一種的「系統性風險」，基本上，同時擁有多種類金融商品的投資方式是風險較小的。

就海外投資而言，還有地區別的分散原則。在大地區部分，可分為成熟市場（已開發國家）和新興市場（開發中國家），後者又可分為亞洲、美洲和歐非洲。當然亞洲中又可細分為不同國家。除非資產很多，否則不可能真正在區域上作細部的「分散」。在大多數狀態，投資人只能作大區塊的分散，而最常出現的狀況，就是分散到成熟市場和新興市場二大塊。

基本上而言，報酬率高的地方是新興市場，不論債券或股票都一樣；但風險相對也較高。這就表示如何挑選新興市場很重要。而要挑選新興市場，必須先了解不同市場所居國家之政治、經濟、社會的基本資訊；這是本書可以幫助你的地方。

如何選擇新興市場基金

在本書中我們介紹十個新興經濟體，這些新興市場都有一定的前景。當然本書的目的不在於直接提供投資標的物之相關資訊（例如某某國的某某公司股票），但可以作為你在挑選新興市場基金時重要參考。

基本上，本書是以總體的角度來分析這些新興經濟體，談的是整體的經濟狀況。不能不注意的是，一個國家整體經濟狀況良好，並不表示她的股市一定會在不久的未來有良好的表現。以中國大陸為例，過去二年中國大陸的景氣非常好，甚至有過熱的傾向，但是股市卻因體質和制度問題，表現低迷，一直到最近幾個月才有起色。此外，即使股市能夠完全的反映經濟狀況，但是面對股市中眾多的上市公司，該如何選擇又是一大難題。所以一般而言，還是購買基金較妥。我們最需要知道的是，面對市面上眾多金融機構所推出的新興市場基金，到底該如何選擇才是最正確的呢？

以新興市場的債券基金來說，過去（一九九〇年代）許多認購新興市場基金的投資人損失都很慘重：墨西哥發生過金融風暴（此部分可以參考以下第五章墨西哥的部分）、俄羅斯也曾經倒帳（此部分可以參考以下第四章俄羅斯的部分），再加上泰國、印尼、南韓等國的亞洲金融風暴，都令投資人害怕。發生金融風暴時，連政府本身都無法支付外債的時候，所有基金經理人手中所持有的該國債券形同壁紙一般，毫無價值。但是，事隔多年後，這些當年發生過風暴的新興經濟體已經恢復過來，還在當時復原的過程中作了許多制度改革，目前情況良好，有些甚至有希望成為未來的全球經濟大國，因此，以這些新興市場為投資對象的債券基金是可以考慮的。

除此之外，有不少新興市場的股票型基金也是不錯的選擇；選擇的標準有二，一是該國國內政治經濟是否相對處於穩定和健康的階段（這一點本書的資訊可以幫你作判斷）；二是該國股票市場目前是否是好的進場時機，包含未來企業獲利成長是否強勁，目前市場本益比是否合理，以及整體股市走向是否偏向樂觀。第二個標準需要更多的專業，不妨讓基金經理人來煩惱，投資者可以把關注放在第一個標準，並藉以選擇合適你的基金。

不論是債券型或股票型基金，我們建議投資人都可以把整個「新興市場」當作一個範圍來看。當然，如果你對於個別新興市場有更深入的研究，比如說你認為亞洲的前景比較好，股市還有上漲的空間，當然可以直接購買亞洲新興市場股票或債券型基金。或者，你看好未來東歐新興市場的發展，那麼也可以直接購買東歐新興市場的基金。如果你不確定，不妨以整體新興市場當作考慮範圍，而由基金經理人去決定分配到哪個區域，你對個別市場的知識和判斷，可以用於判定各個基金對你而言的合適程度。

如何選擇基金？首先要先確認購買的商品種類及範圍，比如說，要購買的是「新興市場股票型基金」，那就在這個範圍內去找好的產品。先選擇種類和範圍是非常重要的一個步驟：如果沒有先選定商品種類，會產生將蘋果拿來和橘子相比的情況，不同發行機構的績效便很難看出高下。不過，我們不是建議所有資產放在同一類的商品內，而是如同前面所說，要分散：分散在定存、股票型基金、債券型基金，後二者再分散到成熟市場和新興市場，也分散到不同貨幣。一旦範圍決定，例如決定有某某數額的資產要放在新興市場的股票型基金，那就需要在這個範圍內選擇最適合你的基金。

如何選擇？找資料庫就對了，把此範圍內所有基金都列出來，然後依據下列二大指標來作進一步的篩選。

第一個指標是夏普比率（Sharpe ratio）。這個比率是一個分數，分子是某一基金在一段時間內的平均報酬率扣除一個沒有風險的報酬（可用定存利率代表）。它代表的是，該基金報酬率和定存利率之間的差距，也就是超過無風險資產報酬率（「超額報酬」）的幅度，這個幅度越大越好。這個比率的分母是該基金報酬率的標準差，這是一個風險指標，越低越好。根據分子、分母的組成來看，夏普比率就是每承擔一個單位的風險，所能獲得的超額報酬，因此它的數值是越大越好。

根據這個比率，將所有新興市場股票型基金依次排列，可以清楚的看到，就每單位所承擔的風險來看，哪些基金的超額報酬是較高的。一般而言，如果夏普比率太低，就表示報酬偏低，或風險偏高，或二者兼具，這種基金就比較無吸引力。

但是，只有這樣還不夠。兩支基金即使夏普比率完全一樣，可能有一支屬於高報酬、高風險，另一支屬於低報酬、低風險，二者的特性不同；不同偏好的消費者應當有不同的選擇，所以要會作區分。

區分的依據可以直接看夏普指數的分母，也就是標準差。舉例來說，A基金與B基金之夏普比率都是○・八，但A基金的標準差為十，B基金的標準差為二十，很明顯可以看出，A基金是屬於較低風險、低報酬，B基金則相反。比較不喜歡冒險的投資人，會偏好A基金，反之，想要一搏的投資人就可以選B基金。

根據以上二個步驟，可以初步篩選出一些可以被認真考慮的基金，接下來，還要再評估這些基金的特色，這部分要注意的特色大致上有下列幾點。

第一，了解該基金是以何種貨幣計價。也就是說，在選定商品種類之外，還必須進一步對於幣別作選擇，達到分散的目的。。例如，在新興市場股票型基金的部分多是使用美元計價，那麼在另一種商品，例如說債券型基金方面，或許可以優先考慮以其他貨幣計價的金融商品。

第二，基金的規模也是一個重點。一般而言基金規模越大越好。基金規模越大代表基金經理人所能運用的空間越大，而且規模越大對於基金贖回所引起的波動也會越小。

第三，成立日期也是要留意的部分。倒不見得歷史悠久的基金一定是上選。只不過，基金成立時間較久，可以觀察的資料相對來說會比較多，比較容易作判斷。

第四，發行機構也是一大重點。可以經由一些相關網站的資訊來進一步了解這個公司的規模和信譽。

第五，基金的持股狀況。比如說，某一新興市場的股票型基金，其組成有巴西、印度、俄羅斯、南韓等股市，其比重分別為多少。這時候你可以利用本書所介紹的資訊作參考，就不同的基金作比較，從中挑選出最適合你的。

第六，基金經理人也是要留意的部分。有些基金對於其經理人的資訊是相當透明的，不但有名有姓，還可以查詢到經理人的資歷、經歷和過去績效。資訊越透明，可以讓我們對於經理人有更多的了解，更容易作出選擇；如果某一基金在這方面屬於「黑箱」作業，不知道操盤的人是誰，會令人擔心；此外，如果經理人資歷不高、更換頻率過高，也會令人擔心。

對於基金的績效要有一個基本觀念，那就是，基金經理人的績效並不是絕對的，而必須是相對於客觀環境與情勢的。這句話聽起來很玄，但道理很簡單。舉例來說，如果你買了一支美國股票型基金，經過一年後你發現，該基金的表現只有小賺，但是你所購買的另一支新興市場股票型基金卻有大幅獲利。此時，你可能會認為那家美國股票型基金的經理人表現不佳，而那支新興市場股票型基金的經理人則表現很好。但是事實可能剛好相反。有可能過去一年新興市場的狀況普遍很好，多數基金淨值都大幅上漲，而你手上這支基金的漲幅是屬於較低的；剛好過去一年美國股市表現很差，多數基金淨值大跌，而你手中的基金反而可以小賺。那是哪一組的經理人優秀？如果你的獲利不夠好，不見得是經理人的問題，是當初資產配置的分配問題。

相信經過這樣的分析你應該會了解，到底哪一家的經理人表現較好了吧！所以，在比較基金的表現時我們要選擇一個指標，讓我們有個比較、參考的標準，一般叫作標竿，也就是比較基礎。無論是新興市場股票或債券，都有標竿可以參考。有好幾家國際金融機構推出了相關的指標；例如著名的摩根史坦利銀行，在新興市場股票方面推出有摩根史坦利新興市場指標（MSCI EM，參見http://www.msci.com/equity/index2.html），在債券方面推出有摩根史坦利新興市場主權債券指標（MSCI EMS，參見http://www.msci.com/income/index.html）。你也可以查一查其他金融機構所推出的指標（通常基金說明書內均會引用），多作一些比較。總之，經理人的績效，應當由其基金表現和指標之間的差距來判定；超過指標越多，就表示相對於同類基金的平均數而言，操作效率越高。

到這裡你或許會發現，此地所談的重點都是金融商品，對於金融機構的著墨並不多，其實這才是正確的選擇方法。在初步的分析結束後，你手上已經有幾個金融商品的「候選人」，這時再去金融機構看看是否它有代理銷售這些基金。當然，詢問的目的除了商品本身的資訊之外，也要了解一下其他相關成本，包含：出售時收取多少手續費，是認購時收還是贖回時收；會不會收取管理費（每年本金的若干比率）；或甚至會不會收績效費（每年獲利的若干比率），都要弄清楚；記住，貨比三家不吃虧。另外，金融機構的規模和信譽也是要留意的。規模越大的金融機構代理的金融商品通常越多，轉換基金時可能不需額外收取手續費。金融機構的種類也應當留意，例如是國內還是海外，是證券公司（可直接下單）還是銀行，都可以比較比較。總之，在購買之前要多蒐集資訊，找到一家適合自己的金融機構。

最後，還有一個重點要提醒消費者。買了基金後不一定要天天去關心淨值，但定期的檢討是一定要的，最好是一個月檢討一次，或是至少一季一次。檢討一下：第一，績效表現如何？和預期是否一樣？第二，和其他同範圍基金相比，你所購買基金夏普比率的排名是否有大幅的變動？是上升還是下降？第三，客觀情勢是否已有變化；例如某些市場是否已經過熱？某些貨幣的價值是否已經超升或超貶等等。然後，你應當決定是否要改變資產配置，如果要改，怎麼改。這也表示，一旦你擁有了海外商品，平時就應當關心國際情勢，如此才能在每次檢討時均作出正確的決定。

Chapter 4

金磚四國：
巴西、俄羅斯、中國大陸與印度

巴西

獨立後之經濟發展

一八八二年巴西正式宣布脫離葡萄牙獨立，成立了巴西帝國，原巴西攝政王佩得羅（Pedro）則被擁立為新國王。巴西和平式的獨立使得經濟並未受到獨立戰爭的波及；而一八二二年至一八八九年是巴西歷史上的帝國時期。在獨立之前，一八五〇年代，咖啡已是巴西主要的出口品，再加上國際咖啡價格上升，帶動了巴西南部經濟的快速成長。隨著咖啡產業逐漸的興盛，也為巴西南部孕育了一群新興的社會階級——商人階級。這群企業家試圖參政以影響州政府和中央政府的決策。

在咖啡產業不斷發展之下，巴西已有能力主導世界咖啡市場。在這段期間內，巴西政府對內不斷採行一些管制或是保護性的措施，來維持咖啡這個寡占產業的高利潤；對外則利用購買存貨和暫停生產等控制咖啡產量的方式來提高咖啡價格。在世界咖啡價格居高不下的情況下，越來越多國家紛紛投入咖啡這個產業，導致巴西的咖啡產量在世界咖啡市場中的占有率逐漸的下滑。一八二八年巴西穩定咖啡價格的措施失敗，加上隨之而來的一九二九年全球經濟大恐慌重挫了巴西的經濟。

一九三〇年聖保羅的候選人贏得了總統大選，但是其他州群起反對，最後他們擁立了落選的瓦加斯（Getulio Vargas）為總統。為了處理全球經濟大恐慌所引發的災難，瓦加斯採取了強化中央集權的方式，授予自己絕對權力來制定政策。面對咖啡價格崩盤所造成的國際收支危機，瓦加斯採用外匯控制的方式，放棄了金本位制度，並買下相當於三年世界咖啡消費總量的咖啡並全數銷毀，藉此控制咖啡的供應量，此舉成功的穩定了咖啡價格。同時，巴西政府也採行擴張性的財政政策，以緩和因全球經濟大恐慌所帶來之經濟的衰退。

在第二次世界大戰餘波中發展的巴西經濟

但是接下來第二次世界大戰的爆發，導致一九三七年至一九四二年間，巴西經濟成長整個停滯了下來。後來，由於戰爭切斷了自歐洲進口的物資，巴西當地工業反而因此興盛起來，再加上第二次世界大戰所需的物資，一九四二年後巴西的出口和經濟成長率是同時往上攀升的，也就是巴西經濟在第二次世界大戰的餘波中繁榮了起來。一九五〇年，瓦加斯重拾政權後，將經濟政策轉向為工業化，以及提升都會工人的生活水準。同時為了克服工業發展的能源瓶頸，瓦加斯設立了石油和電力二大國業事業。

巴西政府嚴格的外匯管控，導致沒有多餘的外匯去進口消費品。這個政策恰好成為國內製造業的一張保護傘，間接的保護了本國產業，尤其是奢侈品製造商受益最多。但是隨著景氣的升溫與對進口需求的增加，不足的外匯無法滿足巴西工業部門對於資本財的需求；在一九五三年世界咖啡價格跌至谷底時，外匯不足的情況更加嚴重，後來只好向IMF求助以度過難關。

吸引外資進入，促進巴西經濟的成長

一九五六年上台的庫比契克（Kubitschek）總統是巴西第一個代表企業團體的總統，他的政治風格師承瓦加斯，但比起瓦加斯，庫比契克在安撫不同政治光譜族群時的技巧是明顯高明許多。在經濟方面，他所採行的政策是大力鼓勵本地及外來的投資者進入巴西市場，希望藉由投資帶動國內製造業的發展。這些政策的實施需要經費，在當時經濟成長不佳的情況下，庫比契克仰賴短期借貸所得的款項來因應。此項給予企業較大發展空間的政策奏效，在庫比契克的領導下，巴西經濟迅速的擴張，尤其是製造業。當時工業產出成長了八十%，而GDP的成長也達到七%的高水準。

經濟條件的惡化導致政局的動盪

一九五七年時，貿易條件的惡化（咖啡價下跌）降低了出口的盈餘，也因此造成了物價上漲的壓力，在經濟變得開始無法掌控時，庫比契克便仰賴技術官僚的協助和IMF

的支援，但是反對派迫使他在一九五九年放棄接受IMF的計畫，最後庫比契克因日漸空虛的國庫和通貨膨脹壓力而下台。

庫比契克下台後，副總統奎德羅斯（Quadros）試圖穩定局勢，在他任內雖然情況有些許的好轉，但還是不樂觀。奎德羅斯在一九六一年八月辭職，由副總統古拉特（Goulart）接任時，巴西的國外投資幾乎全部終止，沒有外國供應商願意同意巴西進口品可以延遲付款，這對巴西經濟來說是一個相當大的危機。古拉特所執行的緊縮政策引發了大規模的抗議，而他自己也在一次政變後被迫流亡到烏拉圭，經濟加速崩盤。

古拉特流亡後，布朗庫（Castello Branca）將軍接任總統。他將經濟政策的決定權放在技術官僚手上，他們推出穩定通貨膨脹的計畫以及其他一些調整機制，其中包含了減少政府支出、限制政府補貼、緊縮個人信用、控制薪資和稅制改革等，在往後的幾任總統任內也都採行了一些政策來穩定經濟成長。在這段時間內，巴西的稅收有了大幅的成長，國庫空虛、通貨膨脹和外債問題也獲得了改善。一九六八年至一九七三年是巴西令人羨慕的經濟成長期，在這段期間內，巴西也開始出口製造業產品，擺脫了過去那個只能出口咖啡的國際形象。但是好景不常，一九七三年發生的國際石油危機重擊了巴西的經濟成長，並且又再度引發通貨膨脹問題。巴西政府任由中央銀行來資助財政赤字的問題，更加深了通貨膨脹的嚴重性。

一九七三年由軍方領導的國會選出中庸派的蓋爾澤將軍（Geisel）為總統。蓋爾澤依賴國外借貸來籌措公共建設所需的經費，同時擴張能源產業部門，以及深化國營中間產品的進口替代產業。蓋爾澤同時也藉著成立福利部，試圖解決國內貧富不均的問題。經濟成長的氣勢似乎在蓋爾澤的計畫下持續著，但是成長背後所伴隨的卻是預算赤字、通貨膨脹和惡化的貿易條件。

蓋爾澤的繼位者——菲格雷多（Figueiredo）總統於一九七九年上台後，透過貨幣貶值和價格控制、薪資調整的方式來打擊通貨膨脹問題，但是成效不彰，GDP不僅沒有達到預期的成長，通貨膨脹反而升高到三位數的驚人水準。整個經濟計畫失敗後，菲格雷多不得已只好仰賴正統的緊縮貨幣政策，來解決通貨膨脹問題。

為打擊通貨膨脹而推出新的貨幣

一九八五年薩尼（Sarney）總統為了打擊通貨膨脹，推出新的貨幣Cruzado，凍結消費者物價，同時建立了一套每當物價上漲超過二十%，薪資就會自動增加的機制。但是薩尼新貨幣Cruzado的計畫失敗了，因為人們還是擔心通貨膨脹會持續惡化下去，而薪資自動增加的機制反而帶動國內需求的增加，刺激物價往上漲。另一方面，政府籌措新增薪資的財源、對國營企業的補貼所造成的財政赤字，加上一九八六年國會選舉結束後薩尼放寬價格控制等，再再都強化了通貨膨脹的嚴重性。這種通貨膨脹的狀況直到一九九二年法朗哥（Itamar Franco）總統上台後，採行緊縮的貨幣和財政政策後才漸漸獲得控制。他以多年貿易順差所累積的外匯存底為籌碼，推出巴西的另一個新貨幣——雷亞爾（real），雷亞爾與美元的兌換匯率是釘於一比一的水準，試圖藉此解決國內通貨膨脹的問題。

巴西經濟的低潮期

法朗哥總統的財政部長卡多索（Fernando Henrique Cardoso）在一九九四年被選為總統。卡多索靠著加快國營企業私有化的速度來增加政府收入；但是在一九九五年後，高估的雷亞爾和高利率水準削弱了巴西的出口競爭力，投資榮景因而逐漸消失，再加上一九九七年爆發之亞洲金融風暴的影響，巴西出現了大規模的銀行危機，一九九八年經濟成長呈現停滯。

緊縮性的政策讓巴西經濟止跌回升

在一九九八年的銀行危機後，巴西政府同意IMF的要求，大量縮減財政支出並使雷亞爾浮動。巴西經濟雖然在千禧年逐漸回檔，但在阿根廷發生危機和全球經濟不景氣的影響下，流入巴西的資本日漸減少，造成對巴西貨幣雷亞爾不小的貶值壓力。不過在經濟方面，成長逐漸回復。

巴西的現任總統魯拉（Lula）出生於勞工運動，屬於左派，但他於二〇〇三年就職以來，並沒有採取激進的違反市場原則措施，反而更著重於重建總體經濟的平衡，藉此以重獲外國投資者信任。他延續了上一任總統之緊縮性政策的作法，使經濟逐漸恢復到應有之成長水準。

巴西自獨立以來的發展，看來像是一部與通貨膨脹、財政赤字搏鬥的歷史。在這個發展經濟的過程中，國內的產業，不論是農業、製造業或是能源，都有相當程度的發展。但是在這個經濟發展過程中，隨著財富逐漸的累積，社會中各階級所得分配不均的狀況有越來越嚴重的趨勢。嚴重的所得分配不均容易導致社會問題的發生，這是巴西未來經濟發展上一個相當大的隱憂。

巴西另一個隱憂是公共部門很大，但效能不彰。巴西人民有一個笑話，就是巴西政府課稅用北歐標準，人民負擔很重，但所提供的公共服務是非洲標準，相當落伍。這表示政府的效能有待大力提升。

俄羅斯

葉爾欽勢力的崛起

俄羅斯的誕生跟葉爾欽權力的崛起是同一回事。舊蘇聯最後一位總統戈巴契夫在任內推動改革，其順序與中國大陸相反；戈巴契夫先改革政治，對外關係上與西方採取和緩甚至友好的關係，對內則允許各地方政府有更大的自主，也開始實行西方式的民主選舉。可是在民主化進行的過程中，產生了一些沒有預料到的後果。葉爾欽是他一手提拔的，是由他任命為莫斯科市長。

但後來葉的風格不被元老院所認可，被免除職位，他就開始走他的地方分權與民粹道路；他透過選舉成為俄羅斯的行政首長，然後利用這個職位，把舊蘇聯瓦解，並把舊政權中央的權力實質上轉到俄羅斯（舊蘇聯中最大的邦）。其中演變的一個關鍵是一九九一年的政變：舊共產黨的元老不滿戈巴契夫想要推動的改革，發動政變，葉爾欽利用俄羅斯行政首長的權位配合群眾的力量，平息了這場紛亂，從此葉爾欽的勢力高漲，而戈巴契夫則江河日下。過了四個月，在葉爾欽的運作之下，各邦獨立，蘇聯解散了，其領導人戈巴契夫被迫辭職。

躍進式的經濟改革

葉爾欽上台之後開始進行經濟改革，一開始很有雄心壯志，計畫要對公共投資的成長率、國防支出、生產者跟消費者的補貼都設上限，預定將政府的預算赤字從一九九一年的二十%降到一九九三年的三%。此外，政府政府引進了加值型營業稅制度，大多數稅率訂在二十八%，也有一個累進式所得稅和能源稅的制度，希望讓稅收增加；中央銀行則計畫減縮對企業的優惠放款，希望能把通貨膨脹在一九九三年前降到月平均三%。在此同時，價格大幅自由化了，不再管制，結果大多有關能源跟食物的大宗價格都因此提高了。

過度的貨幣供給，導致嚴重的通貨膨脹

這些雄心壯志的改革計畫，有些確實實施了，但最重要的總體經濟穩定卻跳票了。政府的貨幣供給大幅增加，從一九九一年至一九九二年年底，貨幣供給成長變成了原來的十八倍，國內信用變成原來的九倍，而通貨膨脹率則達到二千%。為何如此？政府支出還是太多，沒有好好控制支出，中央銀行只好買單，印鈔票解決問題。狀況惡化的時候葉爾欽經常換人，來緊縮一下開支，控制一下貨幣，所以通貨膨脹有時候會好一點，一九九三年掉到一千%，這還是很高，但是比一九九二年好一點。但是每一次的好景都不長，一九九四年十月十一號，一般被稱為黑色禮拜二。光那一天盧布就貶值了超過二十%。

同樣在這個時候，葉爾欽撤換了中央銀行總裁，希望能夠採取比較緊縮的貨幣政策，但無功效，後來是靠IMF解危。主要因為葉氏親西方，又是極權轉為民主的試驗場，所以極力支持。由於到一九九五年年底，俄羅斯的國會面臨選舉，一九九六年葉爾

欽面臨選舉連任的壓力，又發生了許多難以控制的因素，物價繼續上升。一九九六年葉爾欽當選連任後，稍微緊縮一些，通貨膨脹改善一些，但隔年又遇到亞洲金融風暴，俄國再度面臨危機。

亞洲金融風暴發生後，盧布加速貶值，到了一九九八年八月達到最高潮。當時俄羅斯宣布暫停支付公債，發生主權信用危機，一大堆的美國基金受到牽連，損失慘重。當然，後來還是靠外援來解圍，不過原來的債權在「重整」的過程中已經被大打折扣了。

盧布垮台，百姓生活失依

在這過程中，俄羅斯的百姓受到空前的浩劫。在一九八〇年末期的舊蘇聯，一塊美金官方價對國營貿易商而言的價值只有〇・五至〇・六個盧布，觀光飯店窗口的匯率約是一塊錢美金換九個盧布。在黑市，一塊錢美元大約可以換到十三到十四個盧布。

其後既有惡性通貨膨脹，一九九七年又發生風暴，盧布一陸貶值。不得已，一九九八年年一月一日盧布已經改版，換成是新的盧布，舊的盧布不再使用，那時候匯率是一塊美金換成九・七個新盧布，而一個新盧布等於一千個舊盧布；但其後新盧布繼續貶值，到現在大約是一美元兌二十八個盧布。所以對一個蘇聯的老百姓而言，一九八九年的一個盧布，我們就以觀光旅館的匯率一塊美金換九個盧布計算，到一九九九年，已經貶值到一塊美金換二萬四千六百個盧布，到現在則已貶值到二萬八千個。這對百姓來說是崩潰、浩劫。所以我們根本不能想像一般的俄羅斯人，尤其是靠退休金生活的人，在那個過程中所受到的衝擊。

在這段期間，俄羅斯的GDP也大幅萎縮，一九九〇年到一九九五年，俄羅斯的GDP降了五%。一九九六年葉爾欽連任以後本來稍微好轉，但是一九九七年到九八年的風暴，又造成負成長。所幸原油價格自一九九九回升，讓俄羅斯這個能源輸出國可以獲利。

經濟上混亂，政治也一樣。從他上台一直到一九九九年年底下台為止，爭議不斷。號稱是民主，事實上一點都不民主，比如說他違反當時俄羅斯的憲法直接任命省長，國會跟憲法的法院不承認他的命令，要抵制他，他就派坦克車去包圍國會，還對國會發射砲彈。此外，大家都認為他個人的健康有很大的問題，經常爛醉如泥，連到美國訪問也是。他一天到晚撤換政府官員，光是一九九九年就換了三個總理。可能是他個人的健康，也可能是全國的壓力，最後他女兒勸他下台。一九九九年年底，葉爾欽宣布辭職，把政權交給他所任命的最後一個總理，就是普丁，據說交換條件是普丁同意給他特赦，就是在葉爾欽下台以後，不對於他以及他的家人作任何起訴。

在混亂中，所有權的改革倒是大力進行了。一九九二年十月一日，每一個俄羅斯的公民都收到一萬盧布的購買券，可用來購買國營企業，而且購買券可以買賣；利用這個辦法，有一萬四千個公司轉變成私營公司，差不多有三分之二是中小型的企業；這是第一階段，第二階段則是在市場上出售公營事業的股票；另外，在他當選連任（一九九六年）後，又處理了十到十五個公營企業，把他們變成私有化。但整個過程中出現了非常多人謀不臧的狀況，除了一開始的一萬盧布之外（而且要早早換成美金，不然就很快沒有價值），一般老百姓沒有得到好處。企業私有化很多是轉到原本國營公司的高幹或者是原來主管這個公司部會的高幹，因為他們最瞭解其中的內幕過程，也有一些是黑社會利用脅迫的手段拿去了，所以私有化的過程是極端混亂也不公平的過程中度過，付出的代價十分慘重。

普丁上台後，俄羅斯經濟彷彿重生

普丁上台以後，他最大的貢獻就是把俄羅斯的狀況穩定下來，然後他把人事和政策也穩定下來，再加上亞洲金融風暴也過去了，GDP已經下降了一半，到了谷底不能再低了。穩定下來以後，各方面數據都還滿正面的，包括：政府預算獲得控制、開始累積外匯存底、經常帳開始出現盈餘、舊的債可以如期的攤還。

在這個過程中，當然也有一些負面的發展。普丁走的路線和葉爾欽時代不同，就是把地方分權的趨勢扭轉，改成中央集權，不過，由於比較穩定，反而讓俄羅斯的人民比較安心。他同時也採取了一些救濟措施，比如把積欠的薪水發出去了，讓低收入民眾的生活可以維持，所以基本上他在國內的聲望還算不錯，俄羅斯人民覺得他是一個可以信賴的領袖。

他另外也以較強硬的手法處理內部的一些紛亂，包含武力鎮壓車臣的反叛。他也面臨過其他的政治危機，其中最大是潛艇意外，艇上一百多名的海員全部死亡；他一開始是想要掩蓋，後來不得不公諸於世，並且求助西方國家來營救。另外他的任職至二〇〇八年滿二任，根據現在的憲法不能尋求連任，目前不知道他會不會修憲，但因為他所領導的黨是國會的最大黨，如果要修的話，是有辦法可以作得到的。

另外還有一件普丁重視的事情，就是想要恢復舊蘇聯時代的國際地位。普丁在從政前曾經是KGB的祕密警察，就在蘇聯解體，他離開祕密警察的時候，曾經去參加一個在職專班，並專班的課程上，寫了一個報告，內容是俄羅斯可以重新變成全球的強權，而重新恢復國際地位的方法就是靠能源。普丁目前正在作這件事。俄羅斯是整個歐洲包括西歐在內天然氣的主要生產國，石油及天然氣價格高漲以後，俄羅斯的地位也水漲船高，就利用這樣一個戰略上優勢，從一個本來快要變成低度開發國家的狀態，又重新回到國際舞台。

在對付政敵方面，普丁非常的明快，比如說蘇聯一家很大的石油公司（尤肯）的老闆，對他政治上潛在有威脅，他就以抓逃稅為名，強迫他讓出這個公司來，最後由普丁的親信去管理那家公司。俄羅斯目前另有一家天然氣公司，也是由他的親信來主持。很多人預測普丁二〇〇八年如果卸任，很可能自己去當這家公司的老闆。

能源世界中，俄羅斯舉足輕重的地位

俄羅斯這種強勢力量有時候也會對產生一些副作用，比如說，烏克蘭在今（二〇〇六）年一月的時候，發生了天然氣供應的危機，就是因為烏克蘭付給俄羅斯天然氣的價錢，是在舊蘇聯時代以補貼的方式定的。自從烏克蘭變天，普丁支持的候選人落敗以後（也就是一般人俗稱的橘色革命），俄羅斯就要向烏克蘭收取按照一般市場定價的天然氣價格，烏克蘭當然支付不起，二邊談判破裂，蘇聯就降低對烏克蘭的供應天然氣的氣壓。

這個事件會成為全世界媒體的重要焦點不是因為烏克蘭，是因為輸送至歐洲的天然氣管線會先經過烏克蘭，所以降低了供應烏克蘭天然氣的氣壓，就等於降了所有西歐國家的天然氣壓，所以西歐國家人人自危，尤其是在一月初這種最冷的時候。雖然後來供給就恢復正常了，卻讓大家領教到這個蘇聯這個能源主要的輸出國的重要性，以及相對應的在國際政治上跟經濟上重大的影響力。

中國大陸

經濟快速成長

中國大陸的經濟發展，目前受到世界各國的重視，主要是因為她已經有很長一段時間處在高度成長當中。當然，有些學者對於她經濟成長實際的數字有質疑，甚至美國有學者認為，從能源使用等方面的數字來看，中國大陸經濟方面的數據可能被美化了，與實際狀況有出入；他們說部分原因在於，中國大陸上級是以推動濟發展的成敗，來決定下層地方官員的升遷，這使得各地方的官員都有動機要盡量美化呈報上去的數字。不過，也有另外的研究指出，中國大陸經濟實際數字即使和發表的數字不同，其差距也極為有限。由都市建設、交通建設、人民實際生活用品的差異、居住環境的差異，以及經濟結構的變動來看，中國大陸的確是一個在快速變動中的社會，而且她的變動方向，毫無疑問的是高速成長。

事實上，這些學者說，大陸的GDP還可能被低估了。有些統計制度是以前共產制度時期殘留下來的，所以事實上有很多的經濟活動並未納入統計模型中。舉例來講，最近大陸採用聯合國新的統計方法來計算GDP，結果發現比原來公布的數字還多了大約二十%。所以，實際數字是否和官方數字相符合這個問題固然見人見智，但她的長期快速成長已經成為不爭的事實。

一個快速運轉中的世界工廠

由最近的數字看起來，在出口方面，大陸二〇〇五年的出口金額達到七千六百億美元，超越日本，成為全球第三大出口國，僅次於德國的九千七百億美元和美國的八千九百億美元。進口方面，大陸以六千六百億美元的金額，亦居全球第三名，次於美國的一兆六千七百億美元與德國的七千七百億美元。

在吸引外來投資方面，她也變成了一般人所謂的一種吸金器，吸引全世界的投資人前來投資，還曾經一度是全世界吸引外來投資最高的地區。外資持續流入，經濟持續成長，也使得在全球GDP排名快速躍升。根據最新（調整後）資料，中國大陸在二〇〇五年的GDP達到二兆二千六百億美元，大概是美國十二兆七千億美元的六分之一左右。在排名方面，如照調整前資料，去（二〇〇五）年居於世界第六位，次於美、日、德、英、法；如用調整後資料則高於法國而與英國在伯仲之間。

由於出口量很大，幾乎在世界各國的市場都可以看到中國大陸製造的產品。目前這些產品主要還是以勞力密集產業為主，而且因為在當地能夠真正瞭解國際事務的人才還是不多，很多的外銷事實上是外來投資所貢獻的，其中台商尤其扮演著相當重要的角色。因為製造業非常發達，現在有很多人稱其為世界工廠；不過大陸有一些官員也曾表示過，中國大陸的出口量雖然很多，但是無法真正稱的上是世界工廠，只能說是世界的一個加工處所。不論叫作加工處所還是工廠，事實上正在如火如荼般進行的就是大量使用外來的進口原材料，以低廉的勞力來進行組裝，接著透過跨國企業的銷售網絡，行銷到世界各地。

經濟改革的路線

一般而言，從一九七八年推動改革開放以後，中國大陸的經濟成長才開始有了這些巨大的改變，不過這並不表示在一九七八年以前中國大陸沒有試過體制改革。大陸一位著名的經濟學者吳敬璉教授，在去年所出版的《當代中國經濟改革》（台北：麥格羅希爾）書中提到，從一九五〇年代中期開始，中國大陸就已經開始想辦法實施改革。在最早的二十多年當中，改革重點是把中央政府的計畫權力下放到各級地方政府的這種「行政性分權」的方式。如同吳教授所提到的，「這種改革，既試圖保留計畫經濟用行政命令配置資源的基本特性，又破壞了計畫經濟所必須的系統性和統一性，使經濟陷於災難性的紊亂之中，不能擺脫『一放就亂，一收就死』的困阨」。此外，在這過程中，不斷有政治運動發生，形成重大的干擾。例如「大躍進」期間，國家制訂了不切實際的生產目標，鼓勵各地方工廠或農場以他們的「意志力」，土法煉鋼，非達到目標不可，導致全國陷入一陣混亂。亂了以後就收斂一些。後來又發生四人幫的興起和文化大革命，整個經濟運作體制又被擾亂、被破壞一次。在那段期間，大陸的經濟可以說是政治掛帥，在「混亂」和「收拾」之間擺盪。

一九七八年以後，中國大陸才真正開始穩定的走改革開放的路線，進入吳教授所說「增量改革」的階段。改革開放的方法，誠如吳教授在書中所指出，主要是漸進的，與俄羅斯還有一些東歐國家所採取較激進的方法不同。根據樊綱的分析（《漸進改革的政治經濟學分析》，一九九六年上海遠東出版社），這樣的路線有其特殊背景。就整個大陸來說，許多計畫經濟的實施，都被政治運動所打斷或破壞，包含上面講的大躍進和文化大革命。

所以中國大陸實施計畫經濟的普遍程度，本來就遠低於東歐或前蘇聯。等到政治運動過去，經濟又開始有些好轉，所以人民相信只要政治干擾減少，現有的體制還是可以運作，在這種情況下，當時只有漸進式改革的社會基礎，不像在東歐或前蘇聯，集體制已經在崩潰中，沒有太多的選擇。

增量改革始於農村，一般而言是由一九七八年農村實施家庭「聯產承包責任制」開始。這個改革在三年至四年間，就在農村全面普及，算是相當快速的。樊綱認為，改革之所以能夠如此快速，主要是因為農民生活困難，沒有像工業體制下的職工一樣，享受到許多集體制下的社會福利，所以存在了快速改革的條件（對現狀普遍不滿）。

增量改革的第二階段就是改革企業。在這方面，「漸進」意義，在於國有體制（國有企業與城鎮集體企業）在開始時依然照原有模式運作，但調整法規和制度環境，讓非國有經濟可以起來。非國有經濟包含鄉鎮集體和鄉鎮集體合作企業，基本上就是放手讓各鄉鎮自己去辦企業，彼此互相競爭。

非國有經濟也包含私營企業，例如外資、合資、聯營、股份制、私人、個體企業等，也都開放了。整個改革的過程，我們就看到經濟結構中由國有事業主控，具有支配權的比例逐漸下降，慢慢的鄉鎮企業上來了，私營企業也上來了，不過鄉鎮企業一開始還是遠超過私有企業。可是到了最近，不但國有企業的比例下降，鄉鎮企業也逐漸在下降中，私有企業的比例越來越高。

具體而言，改革開放之始，國有企業和城鎮集體企業各分別占工業產值的七十八%

和二十二%（見蔡昉、林毅夫《中國經濟》第六章，台北：麥格羅希爾，二〇〇三年），幾乎就是全部。這個比重自那年開始逐年下滑，到了一九九〇年，只占GDP的四十八%，到二〇〇一年降到三十八%；在此同時，集體部門占GDP比率於一九九七年達到二十二%的一個高峰後，下滑到二〇〇一年的十五%；私有部門的比重一路上升，在一九九〇年達到三分之一，到二〇〇一年接近一半（詳見吳敬璉《當代中國經濟改革》第二章），目前則已超過一半。

其他方面的改革在同樣的過程中也積極地進行。比如說原來對價格都有控制，但是後來，因為控制的價格不能反應市場的市況，便允許另外一個反應市場市況的價格出現，也就是「雙軌制」；一個是國家控制的價格，國營事業還是按照那個價格來計算他們的收入和支出，另外一個是市場價格，就是自由競爭以後產生的價格。然慢慢的市場競爭的部分就越來越高，控制的部分就越來越小，最後就變成是單軌，那就是市場價格。

工業以外部門的改革在一九九四年以後全面跟進，進入吳敬璉（二〇〇五）所稱的

「整體推進」階段（和一九九二年鄧小平南巡密切相關），包含銀行制度改革、貨幣和股市的發展、財稅體系改革以及對外貿易的改革。二〇〇一年大陸加入WTO，平均關稅由該年的十五％下降到二〇〇三年的十一％，未來還要持續降低，於過渡期滿時達到與其他成員相同水平。其他像是對於外資（直接投資）的全面開放，也有時間表。

國有部門萎縮衍生下崗問題

在這個改革的過程中，社會產生很大的變化。比如萎縮中國營事業員工就業的問題，也就是下崗問題。其實不但很多國營事業的員工離開原來的單位，連政府的行政機關也大量裁員，牽涉的範圍很廣，相當棘手。

主要因為原來大陸的這些工人平時所領取的薪資只是福利中的一小部分，他的所有的醫療、社會福利、宿舍，甚至是就學，都由這個單位提供，所以要將工人一下子從這個單位抽離是很困難的事。最後只好採取一些漸進式的方法，比如說保留宿舍、保留子女就學、保留一些社會福利、甚至保留部分薪資，而鼓勵職工到民間企業去找工作，全職或兼職都可以。至於被保留的社會福利，也開始一項一項的走向市場化，例如最近地區實施住房改革，很多單位宿舍的產權就正式地移轉給職工，然後可以在市場上自由買賣。

在這市場化的過程中，當然也可能產生很多問題和困難。過去是大鍋飯，太沒有市場，現在可能又過度強調市場，一切向錢看，使得一些原來不應完全由市場角度來考慮的服務（如醫療和教育），就發生了過度市場化的現象。這些問題嚴重到在前不久（二〇〇六年三月）的第十屆全國人民代表大會上，國務總理還公開指出，必須加速解決百姓所面臨的「看病難、看病貴、上學難、上學貴」問題，以及「土地徵用、房屋拆遷、庫區移民、企業改制、工礦災變、環境污染」等嚴重的社會問題。

過熱的景氣

這幾年中國大陸景氣過熱的現象，從投資（固定資本形成）占GDP的比率（即「投資率」）的變化可以看出。此比率由二〇〇一年的三十八%上升到二〇〇五年的五十六%，根據中國社會科學院的預估，二〇〇六年還要上升到六十%，這種情況顯然不可能長期持續的。在鋼鐵、水泥、鋁業、房地產方面的投資尤其擴張太快，不但以後可能產能過剩，而且也造成了對能源、交通和環境方面的巨大壓力。根據《中國經濟藍皮書》（二〇〇六年北京社會科學文獻出版社）所載，二〇〇四年大陸「GDP總量占全球的四%，而消耗的能源占全球的十二・一%、消耗的鋼材占二十八%、氧化鋁占二十五%、淡水占十五%、水泥占五十%」。

有鑑於此，大陸這二年不斷強調要「宏觀調控」，而且希望透過自二〇〇六年開始實施的第十一個五年（「十一五」）計畫，推動產業技術升級、改善人力素質，以求工業發展逐漸脫離以勞力密集、資源密集為主的大規模生產模式。在二〇〇五年有關十一五草案的討論中，清大胡鞍鋼教授曾表示：「當前不是要進一步提高增長的速度的問題，而是要明顯地改善發展的質量的問題。」這個十一五的版本已經在十屆人大正式通過。

中國大陸之中國社科院對二〇〇六年經濟的估計為GDP成長八・九%（較二〇〇

五年下降半個百分點），其中成長預估較大的為是工業（重工業十一％、輕工業九・九％）和交通郵電服務業（十・二％）。

此外，預估消費者物價上升二・一％（比二〇〇五年的一・九％略高）；而在外貿方面，估計順差由二〇〇五年的九百四十億美元小幅縮減到二〇〇六年的八百二十億美元。目前（二〇〇六年三月）大陸的外匯存底為八千五百億美元左右，預計未來還會增加，但其速度可能降低。在中長期成長方面，「十一五」將二〇〇六年起五年年均經濟成長率目標訂為七・五％。

呆帳與金融改革、民工與挽救農村、股市的泡沫與回升

中國大陸很多國營企業經營不善或人謀不臧，虧損累累，如果政府不再補助，就積欠許多的債務，形成銀行的呆帳，這樣形成的呆帳率很高，甚至比東南亞發生亞洲金融風暴的國家看起來都還要高，使得許多人認為大陸的金融體系面臨崩潰的邊緣。不過，這種呆帳和一般商業呆帳有一個性質上的不同，就是所有牽涉的單位都是國家所有

的。照理說，一個國有企業經營不善，但還是讓它繼續下去，國庫就要負責補貼；捨此不圖，改要國有的銀行補貼，當然形成呆帳。所以，呆帳是補貼窗口放在何處的衍生問題。當然，更根本的是國企的改革問題；如果改革不能加速進行，對於政府的財政將形成過度的負擔，長期而言無法持續。

流動民工的問題也十分嚴重。大陸農村經濟跟都市比起來相差很遠、沿海跟內陸差很遠，而且差距越來越大。加上實施戶口管制制度，外來人不能隨便在大城市設戶口，如此一來都市就產生了很多的流動人口，到處在找工作。許多城市火車站外面有一個奇怪的現象：廣場上滿滿都是人，都是由各地湧入都市的人，留在廣場上等著找工作。這種流動是經常性的，估計就有幾千萬人之多。成長快速，就業機會也快速成長，但農村剩餘勞動還是源源不絕地釋出；如果未來經濟成長遲緩，社會問題將十分巨大。

在這種種的情況下，各界對於大陸經濟的未來發展存在很多不同的解讀。有人認為她未來的發展相當不得了，會是下一個全球最重要的經濟體之一，甚至計算她在那一年會超越美國，成為全球最大的經濟體。可是，認為她有很多問題的人也不少。不過，這麼多年下來，似乎這些問題都沒有演變成危機，有些問題甚至還有開始著手清理的現象出現（如銀行呆帳）。一個過去對於大陸常年以來批評遠多於讚賞的《經濟學人》雜誌，在去年的一篇封面報導跟社論也不得不說，雖然中國大陸的經濟問題還是相當多，但是看起來應該不致於崩潰，會朝著現在的方向繼續往前走。過程中會有起伏，但方向不會改變；所面臨問題或者自行會隨市場之深化而淡化，或者要一個個由政策解決。

股市問題就是一個必須解決的難題。在外人眼中看來，大陸的股市十分奇怪；在高盛第九十九號報告中，也就是俗稱的金磚四國的報告，中國大陸看來是最值得投資的；可是如果還在高盛報告出來的那個時候（二〇〇三年十月）投入大陸股市，一開始嚐到小甜頭，但不久從二〇〇四年第二季開始就面臨泡沫化，到去（二〇〇五）年年中谷底為止，下跌了將近一半（上海證券綜合指數由二〇〇四年四月接近一千八百點，大跌到二〇〇五年同月約一千點），損失慘重。

原因很簡單，大陸股市的發展，其目的之一是要解決當時國有企業的債務問題，也就是國有企業希望從股市獲得資金，以償還積欠銀行的債務。所以在審核上市的時候，很多都是看企業的需要，甚至還有所謂的「扶貧上市」，導致上市公司的水準參差不齊。另外，即使上市，只有大約三分之一的股份是拿出來賣，其餘的三分之二是凍結不准上市的，所以即使有人在市場上買下一個公司全數的股份，也沒有辦法控制這個公司。在此同時，剩下三分之二大家知道遲早要釋出，但沒有人確定何時，這就對股市形成一個巨大的陰影。

所以，大陸股市在漲到某一個程度以後就泡沫化了。所幸，目前這個問題已經在解決中了。解決的方法就是個別企業與股東代表（通常由券商出面）協商，為釋出餘股，而對原持股者提出一個補償的方案。以上海寶鋼為例，它讓原持股者，每持有十股，就可以免費獲得二・二股的補償。談妥以後，原來凍結的三分之二股份就可以釋出了，這樣一來，股市就會跟著活化起來。所以我們看到去（二〇〇五）年年底以來，大陸的股市總算開始回升。

大陸除了股市的問題之外，還有一個最大的問題是來自於農村。全中國大陸大約有八億人還是在農村生活，這是一個相當龐大的數字。可是政府給予農村的資源非常有限，事實上因為地方太多，人口太多，即使政府增加了資源，每個人能夠享受到的也非常有限。

舉例來說，最近大陸舉行全國人民代表大會，加速提高了對農村補助跟投資，增加的額度是所有建設經費裡面比例最高的。可是如果以每個農民所分配到的資源來算，每人每年只增加七塊錢人民幣而已；如何有效的運用這個錢是一件很困難，但又不得不作的事。農村的官僚本來就不像都市這麼進步，但人數眾多，在資源不多的情況下，就拚命欺壓農民。農民本身知識水準並不高，已經不容易享受到都市發展所帶來的甜美果實，又要受到地方政府的欺壓，當然容易不滿；例如地方政府要推動建設的時候都需要徵收土地，給的補償有時候也不一定合理，所以農民抗爭可以說是每天都在上演當中，對於一個以農人革命起家的共產黨而言，是一個很大的諷刺。

有鑑於此，大陸現在把農村建設視為一個非常重要的工作，事實上我們從台灣、日本、韓國的經驗裡面可以看到，農業生產力的提升，其實往往是成功工業化一個非常重要的條件。唯有農業生產力提升，農村剩餘勞動釋放的壓力才可以舒緩，對於整體工資的提升才可能有幫助。再者，農業生產力提高，使得農產品的價格不致於上漲太快，才能維持都市工人的實質工資不下降。第三，如果農業生產力提高的話，本身不但會釋出較少的剩餘勞動，還可以創造所得，這樣就會有較多的人願意留在農村，尤其是年輕力壯的人；農村消費會因此而提升，進一步帶動當地服務業的發展，於是農村就會因此富足起來。

所以基本上，大陸目前最大的挑戰是要解決農業部門（所謂農村、農業、農民「三農」）的困難。也就是必須從事農業建設、提高農村的生產力，讓農村有足夠的吸引力，能夠讓年輕人留在農村發展。而農村的故事，其實就是相對於沿海地區的「內地」故事，也就是如何讓發展重點從沿海慢慢移向內地，從都市化程度比較高的地區流向鄉村地區的問題。

與此相映的是所得分配問題。據估計大陸的吉尼係數已達到〇・四五以上，超過國際警戒線〇・四的標準，不但超過福利國家如挪威、瑞典（約〇・二至〇・三），也超過先進國如英、美、法（〇・三至〇・四）。但這個問題的解決不是那麼容易的，例如鄭永年在其《胡溫新政》（二〇〇四年新加坡八方文化出版）書中指出，中共十六全國黨代表大會（二〇〇二年年底）要建立「小康」社會時，就注意到解決三農問題的重要性，但這些年以來問題可能比以前更嚴重。莫怪現在第十一個五年計畫（「十一五」），還是把「建設新農村」列為是未來五年經濟和社會發展的重要「行動綱領」。

金融機構的改革

最近，大陸也在推動金融機構的改革，這個事情是伴隨著二〇〇一年十二月加入WTO以後所做的開放措施中的一部分。誠如上述，大陸在加入WTO的時候，已經承諾每一種工業跟服務業都有其開放的時間表，現在必須面對這種壓力。在工業品開放方面的問題不大，因為中國大陸已經變成所謂的「世界工廠」，是出口導向；但是服務業方面就非常落後。金融服務業是一個相當重要的產業，必須趕快調整整個金融體系的體質來因應開放後的衝擊。

目前的作法是幾乎讓每一家國有銀行，都開始引入策略性的外資。在大多數的情況下，引進外資並不是把國營企業賣給外資，而是引入少數股份、引入人才，而自己還是保有的經營權，藉以調整金融機構的經營效率，改善組織架構，達到「現代化」的目的。目前只有一家銀行是例外，就是廣東開發銀行，這家銀行是花旗銀行以非常高的價格取得一半以上的股份，取得經營權。由這個案例也可以看出，美國的金融業非常積極的在大陸布局，事實上歐洲也是如此。

未來有機會也有風險

雖然這一連串的改革正在持續進行中，中國大陸未來的發展還是有很多未知的變數，包含能源價格的繼續上漲、農村問題、失業問題、其他社會問題。再者，西方國家也經常施加壓力，在經濟上希望人民幣升值，在政治上希望再進一步的民主化（目前大陸在最基層，就是村的層次有選舉，鄉的層次試辦過但未擴大）。所以在未來，無可避免的會面臨許多的挑戰。不過從目前的情勢看來，再加上第二章所述公共政策以及成長競爭力各方面因素綜合研判的話，大陸應該還是金磚四國當中，穩定性較高的之一。

印度

獨立同時埋下了種族紛爭及內亂的根源

印度在獨立前的狀況和馬來西亞很相似，整個印度境內都是各自獨立小王國，並沒有一個統一的主權或政府。在成為英國的殖民地後，現在印度的雛型才慢慢建立起來。當時英國在統治印度時，由於政權是分散於各地的王國，在早期並沒有遇到可以與之抗衡的政府。

由於印度地廣、人口相當多，對英國人來說這是一塊相當肥美的處女地，很多的英國人來到印度發展自己的事業。英國人到印度之後，開始發展新式的紡織業，並大量生產印花布。由於印度的工資及原料都相當便宜，因此英國人把在印度當地所製造的印花布又銷回英國，大受歡迎，威脅到英國本土的紡織業。為了保護本身的紡織業，英國政府還曾通過了一個「印花布法案（Calico Act）」，明文禁止東印度群島的印花布及染料等產品進口至英國。在這個法案的限制之下，英國的紡織業有發展的機會。

但是由印度的角度來看，這個法案硬生生的把印度的紡織業推上斷頭台。就在印度紡織業大幅衰退的同時，英國紡織業在印花布法案的保護之下漸漸的茁壯，而且成本因技術進步而日益低廉。慢慢的英國人也開始把英國製的棉布銷售至印度，印度則由原來的印花布生產基地轉變成了棉布的消費市場。這個改變是印度人心中很大的痛。後來甘地革命時，以手持紡錘作為其獨立運動象徵的由來，表示的是對更原始手工紡紗舊印度的懷念，但也可解讀為對於殖民地新興產業被欺凌的一種抗議。

一九四七年八月英國允許印度獨立，當時印度領袖尼赫魯（Nehru）希望能將整個印度大陸，包含巴基斯坦在內，統一起來立國。但是當時的回教領袖，也就是巴基斯坦國父穆罕默德・阿里・真納（Muhammad Ali Jinnah）堅決反對。由於第二次世界大戰過程中，回教徒曾經給英國很大的幫助，英國最後不得不同意巴基斯坦國父的要求，將整個印度大陸分成二個國家，分別是印度及巴基斯坦。當時英國所劃的界線，是將以信仰印度教為主的地區劃入印度，而信仰回教為主的地區劃入巴基斯坦。但是許多地方這二種民眾雜居在一起，這樣的劃分法導致在印度境內信仰回教的少數人民怕會受到迫害，因此匆忙的遷到巴基斯坦，而巴基斯坦境內少數信仰印度教的人民也是怕受到欺凌，因此舉家遷至印度。在這種個過程中就發生的許多的種族暴動，也造成很多死傷。存在於印度與巴基斯坦之間的種族紛爭，直至今日都是二國之間最大的問題與衝突來源。

進口替代時期，印度全力發展國內之輕重工業

印度獨立後的第一任總理尼赫魯，曾留學英國。回國後，他受到父親的感召，投入獨立運動。他雖然是出身於印度的高階家庭，卻非常關心中低階層百姓的生活，希望印度的經濟可以很快的恢復，能夠達到自給自足的狀況。

當時印度和蘇聯的關係相當友好，在偏左的尼赫魯訪問蘇聯後，引進了許多的重工業及相關的設備，試圖以進口替代的模式來發展印度的經濟。而且不止發展輕工業，也和蘇聯一樣要發展重工業；政府甚至投資生產機器設備，帶頭發展國內經濟，以求自

足。

尼赫魯政府非常重視勞工的權益，極力維護工人的就業權利，因此印度的勞動市場相對來說比較僵固，有許多的保護與管制，工資也不能自由的調整。即使是工廠已處於虧損狀態，也不能自由的歇業。政府認為，工廠一歇業工人就必須被遣散，所以放任工廠自由的歇業，是會對工人百姓的生活造成相當嚴重的影響，工廠若要歇業必須先經過政府的核准。對於那些處於虧損狀態的工廠，政府會適度的給予補貼。這些政策一直到一九九〇年代才逐步放寬。

對所有開發中國家來說，要發展進口替代不是一件難事，而且通常成長都相當快速。因為技術取得不難、市場面的資訊也都相當清楚，再加上政府政策的保護，所以只要進口機器設備、原材料，然後生產產品來替代原來的進口品就可以了。所以在當時的印度，工業化取得一定的進展。

錯誤的政策導致印度產國內產業缺乏國際競爭力

但印度採用了所謂的蘇聯模式，以大筆資金、全方位發展經濟的概念，發展的產業除了輕工業之外，還包含了重工業在內。但由於市場過小，技術不夠成熟，印度自己所生產的機器設備的價格遠比進口的價格來得高。在進口替代的政策下，下游產業被迫要採用印度本身所生產的機器設備和原材料來生產，因此加重了下游產業的成本負荷。這導致下游產業無法在國際上進行競爭，只能一直留在被保護的國內市場發展。這是印度和日本、南韓、台灣最大的不同點。

台灣和南韓在一開始時只發展下游產業，配合國內較低的工資，可以生產出大量且價廉的產品，外銷至國外。等到下游產業發展成熟，中間產品的需求漸漸變大時，才會進一步自己來生產中間產品。而當下游產業的機器設備或原材料由國內的中、上游產業直接生產供應時，國內的中、上游產業不能不有競爭力，否則下游廠商在面對國際競爭之下，不可能向他們購買；也就是下游所面臨的國際競爭迫使中、上游也必須有效率才行。當初台灣中鋼和中油都是在這種情況下產生的，二者的定價都必須受限於國際行情。

印度內向式的發展策略導致產業出現一個相當大，而且不易解決的問題。由於所有產業的成本都過高，造成國際競爭力的不足，彼此牽制。在這個環環相扣的惡性循環下，印度產業的保護傘似乎永遠拿不掉。而且印度是民主國家，有選舉壓力，一旦企業被長期保護，就會形成一股政治上的力量，要求繼續保護。

內憂外患夾擊，動盪不安的印度

一九六二年，印度和中國大陸發生邊界戰，印度在這場戰役中戰敗了，這對於尼赫魯來說，是一個不小的打擊，尼赫魯因此病倒。二年後尼赫魯病逝，由夏斯特里（Lal Bahadur Shastri）繼任。夏斯特理上任後的施政風格與尼赫魯的路線類似。

一九六五年，巴基斯坦出兵進攻喀什米爾（印度教徒與回教徒共同居住的地方，印巴二國均宣示有主權）。面對巴基斯坦的出兵，印度不能坐視不管，也出兵了。但不巧的是，當年印度的雨量不足導致農作物收成不佳，再加上同時又有戰爭，導致很多印度人餓死，也引起了內部許多的暴動。

同年，印度也因為官方語言的爭議發生暴動。在一七六五年英國確立對印度的殖民統治開始至一九四七年印度獨立以來，將近二百年的殖民統治時間，英語成了印度境內高層社會階級所共通的語言，但各地眾多的方言還是普遍存在著。在印度獨立之後，民族主義者認為統一語言是國家統一的象徵，因此一九四九年時議會制定憲法，規定印度語為官方語言，並且給予十五年的時間完全取代英語，意即在一九六五年時，印度語將成為印度唯一的官方語言。這個統一語言的政策引起了各地不會說印度語的人民的不滿，引起了暴動和抗議。

在這陣紛亂之中，前總理尼赫魯的女兒甘地夫人（Indira Gandhi）意外的奪權成功，成為印度的總理。不同於父親尼赫魯親俄的風格，她偏向於和美國維持良好關係。她大力的推動農業生產力的提升，即透過更有效的耕作、培植更具生產力的品種，以及使用肥料等方式，大幅提高農業的生產力，造就了一般所稱的「綠色革命」。由於當時印度人民大多為農民，她的政策獲得了廣大的支持。

一九七一年時，東巴基斯坦，就是現在的孟加拉要求自巴基斯坦獨立，身為巴基斯坦宿敵的印度當然樂見其成，導致印度、巴基斯坦又起了衝突。甘地夫人於是派兵攻打巴基斯坦，也藉這個機會宣告全國進入緊急狀態，並監禁在政治上反對她的人。印度的民主化在這個時期呈現開倒車的狀況。這個舉動引起了民眾的不滿，使得她在一九七七年的大選中落敗，國大黨因此不再是執政黨。在此次大選中獲勝的Janata黨是由前國大黨員、印度教的基本教義派與社會主義者所組成的聯盟，是一個偏向民粹路線的政黨。甘地夫人雖然下台了，卻一心想著如何回拾政權，她採用了比Janata黨更強調印度教基本教義、更強調民粹路線的方式，結果她在一九八〇年又獲得大選勝利，再度成為印度總理。

但是好景不常。國大黨由於自己的政治利益，故意製造印度一個貧窮省份，旁遮普（Punjab）中錫克族的派系鬥爭，結果弄假成真。在挑起錫克族的派系鬥爭以後，中間有個派系發動武裝暴動，占領了錫克族的一座教堂，要和政府對抗。甘地夫人派軍進攻這個教室，把這個錫克族人視為聖地的教堂給摧毀了，此舉引起錫克族的不滿，結果甘地夫人被自己錫克族的保鏢暗殺身亡。這個事件引起了印度教的人不滿，全國暴動，印度教和錫克族人互相殘殺。

市場自由化帶來的挑戰

甘地夫人被刺身亡後，她的兒子拉吉夫甘地（Rajiv Gandhi）繼任。任內他實施了一些經濟改革政策，鼓勵競爭，同時也減少稅收，再加上由於他曾擔任民航公司的技師，具有國際視野，因此和外國企業的關係也都不錯。一九九一年大選時，拉吉夫尋求繼任，不料卻被暗殺。繼位的是拉奧（Narasimha Rao）。拉奧任用辛赫（Manmohan Singh）推動一些經濟改革，其中包含了將貨幣貶值到與市場一致的水準，放寬對於外匯的管制和利率的控制，降低對於企業的補貼與進口的限制。政府也開始出售公營事業的股權，開始邁向民營化。很多的私人投資的限制也慢慢開放，由廠商自由競爭。這段期間內，印度整個經濟體質開始改善，經濟成長有了進展。

由當時印度的經濟表現可以看出，市場自由化確實可以大幅提高效率，但是對於企業或勞工而言，卻要面臨更大的不確定性、更大的挑戰。新的投資者加入競爭，導致舊有工廠因缺乏競爭力而關閉，以致於失業率增加，促使印度經濟在調整的過程中產生了許多社會問題。再加上喀什米爾的內戰、錫克族的動亂，執政者所面臨的挑戰比以往要大得多。

也因為如此，在一九九八年，執政黨雖然在經濟改革方面成就顯著，但卻在選舉中失敗，而由印度人民黨（BJP）取得政權。當時的總理是瓦吉巴伊（Atal Behari Vajpayee）。他雖然是印度教基本教義派，但是上任後，並沒有採取偏激印度教教義的政策，仍繼續經濟改革，因此經濟持續快速成長。

民營化的進度在BJP之下腳步更快：政府在二〇〇〇年邀請原在世界銀行任職的經濟學家Arun Shourie來擔任印度通訊資訊技術部及國有股減持部部長，其主要任務是把公營事業民營化。到了二〇〇三年，他已經順利的賣出十三個國營事業。他首先賣出了大部分的股權，但是政府仍握有二十六％～三十五％的股份。但是發現不同的政府部門還是透過這些股份來干預公司的營運，因此Shourie決定將股權全數賣出，讓政府完全退出公營事業。其中最著名的是，二〇〇二年日本鈴木買下印度最大汽車公司Maruti的股份，也順利取得控制權。二〇〇三年，Shourie準備把政府剩下的十八・三%的股權全部賣出時，有三十萬人前來認購，出現了十倍超額認購的狀況，而新股的上市價格比成交價上漲了四十%；這個案子也是孟買股市欣欣向榮的推動力之一。

世界級的委外中心正在成形中

由印度的歷史中可以清楚的看出，印度在發展經濟的同時也背袱了許多的包袱。但是印度的改革步驟能夠成形，絕對與受到中國大陸一九七八年改革開放成功的刺激有關。

但印度的發展模式和中國大陸不太一樣。中國大陸的成長靠得是勞力密集的製造業，需要大量的勞工，國內就業市場相當大。但是印度不同，支持印度成長的產業是以軟體等腦力工作為主，即是靠工程師、大學畢業生，因此印度整體而言，低技術勞工就業狀況仍然不佳，公共設施也不健全，國內整體銷售體系管道也不好，很難發展強而有力的出口製造業。眾所皆知，全球很多知名企業的電話客服中心（call center）都設在印度，很多企業也都將軟體設計工作外包至印度來處理，這些雖然都刺激了印度經濟的成長，但是在高科技企業座落城市之外的鄉下，印度還是相當的貧窮。

在不穩定的政治下，經濟改革的腳步不中斷

自由化固然很好，但容易造成貧富不均，產生社會問題。國大黨成功的利用這種不滿情況，並結合宗教力量，結果在二〇〇四年五月大選時，由印度人民黨手中奪回政權。這對於印度人民黨來說，是場意外。印度人民黨認為當時印度經濟發展狀況良好，是舉行大選以獲取連任的好時機，因此提前解散國會、舉行大選，結果沒料到居然打輸了這場選戰。

國大黨獲得大選勝利後，黨內領袖甘地夫人的媳婦索妮亞甘地不希望重蹈家族血腥歷史，堅持不出任總理，她任命一九九一年擔任過財政部長的辛赫擔任總理，由他來

繼續推動經濟改革。目前印度政局尚稱穩定，改革繼續，高速成長也繼續著。不斷改革的結果，使印度經濟由一九九一年開始直到現在，連續十年以上經濟成長率都能超過六%，成為新興國家中一顆亮眼的明星。

Chapter 5

新興六強：南韓、墨西哥、土耳其、泰國、菲律賓與印尼

南韓

進口替代發展時期

一九四八年獨立後，南韓的第一任領導人李承晚所採取的經濟發展政策，和多數開發中國家在戰後所採行的政策一樣，以「進口替代」來進行工業化。所謂進口替代（import-substitution），就是用國產民生消費品替代進口品；其最大特色是限制進口，保護國內產業；由於市場已經存在，而且牽涉的技術不是太高，通常在此政策下工業成長會相當快速，一直到國內市場飽和為止。然而，這段期間內到底是要保護哪些產業，應該保護到什麼程度，產業的補貼究竟要多少，都牽涉重大利益的創造和分配，如果官員不清廉，很容易造成貪腐。在南韓執行該政策的那段期間，經濟成長相當不錯，但是貪腐產生了，同時政府也不能有效地控制預算支出。

在那段期間內，南韓和台灣很像，主要是靠美援。多數開發中國家在發展早期，會有二個「缺口」，一個是儲蓄缺口，另一個是外匯缺口。這二個缺口其實是同一件事情，意指國內的儲蓄不足投資所需，同時出口所得到的外匯不夠進口原材料和機器來作進口替代。美援是外匯，而且它可以用來投資，同時解決了二個缺口問題。當時南韓依賴美援也是一樣，不過，由於軍費等支出龐大，光有援助還是不夠，還是有預算赤字的問題，造成通貨膨脹。此外在當時，為了加惠於農民，擴大統治基礎，也抑制地主和財團，李承晚採取土地改革政策，結果招致反彈。反彈的人要求民主，對此李承晚是採取高壓的手腕，發生了非常嚴重的暴動，導致他在一九六〇年下台。

成立經濟企劃廳，全力發展經濟

一九六〇年至一九六一年，曾經有一個非常短暫的政府，但是，很快的就在一九六二年由朴正熙發動政變，推翻了當時的政府，形成軍人當政的局面。

朴正熙在一九六一年至一九六三年之間禁止所有的政治活動，想要讓自己政權的正當性繫於全力發展經濟，而非民主之上。他成立了一個經濟企劃廳，專職推動經濟發展。當時所採取的方式是出口導向，和早期的進口替代不同，是整個發展方向的關鍵改變。出口導向的發展非常成功，導致當時南韓被視為是一個經濟奇蹟。

南韓的出口擴張和台灣的出口擴張有本質上的不同。在台灣的出口擴張中，中小企業扮演了相當重要的角色，而南韓的出口主要是靠大企業，就是俗稱的財團。這些企業很大，但是並沒有經濟上的獨立自主權，非常聽政府的話；政府將大企業當成執行經濟成長目標的工具，國家大力介入。基本上，政府控制了信用，聽話的企業就能得到低利貸款、補貼，不聽話的就緊縮；很多產品的出口都是政府將一個外銷數字目標告訴企業——在多少年內要外銷多少的量、有多大的成長——然後由企業執行。所以，南韓的經濟發展模式其實是以國家為主要的推動者，以大企業為主要執行者。當時恰好是世界經濟較為景氣的時候，南韓這個政策相當的成功。

但是，在這個過程中，南韓為了大量的投資，也為了進口所需要的原料，對外匯的需求很強；雖然自己的出口很成功，但還是不夠，所以外債不斷的累積，經常帳通常是赤字的狀態。那是由於經濟成長很不錯，所以外債的情況還是可以負擔。

高壓政策下的決策——重化工業的發展

政治方面，朴正熙採取非常高壓的手段，當然這個也會引起不滿。在一九七一年的選舉中，也就是朴正熙尋求連任的那次選舉，著名的反對人士金大中也參選了，獲得相當廣大的支持，但是最後還是由朴正熙當選連任。不過，許多人對於該次選舉是否無弊端存疑；在一九七二年之後，對朴正熙的抗議活動就升高了，該年十月朴正熙還宣布了戒嚴法，一個月過後，他通過了一個憲法，給予總統很大的權力。

同樣在這個時候，朴正熙政府決定南韓應該由勞力密集的出口轉成發展重化工業。一九七三年提出了一個重化工業的發展計畫，我們今日所熟悉的南韓大造船廠、大鋼廠、石化廠，都是那時建立的。但是，這個時機並不是太好，因為第一，正好碰到第一次石油危機，全世界的經濟緊縮了，很多的工廠蓋了以後，貨都賣不掉；第二，有人認為當時南韓就開始全面性發展重化工業時間上嫌太早；第三，一九七〇年代所得分配開始惡化，大企業越來越大；大企業老闆的所得、高級白領階級的薪資水準傲人，和一般人低階勞工的薪資差距越來越大。此外，資源轉向投資重化工業，而重化工業都是資本密集、技術密集的，所僱用的勞工不多，勞工受惠有限，導致社會動亂加速，不斷有示威、抗議。

動盪不安的政治局面

到了一九七九年示威抗議活動升溫，十月二十六日朴正熙被暗殺，之後曾經出現一段時間的混亂，一九八〇年全斗煥發動政變，把當時代理總統的總理推翻，成為南韓的大統領。他一上台就宣布戒嚴法，宣布禁止所有的政治活動，甚至連大學都關閉。在他的軍事統治之下，又通過了一個新的憲法。在這個時期，金大中所領導的反對勢力抗爭也非常激烈，一九八〇年在他自己所擬的憲法之下，全斗煥當選總統。一九八五年又再度當選連任，但是許多人認為這個連任過程似乎也存在弊端。金大中大力抗議，全斗煥將其判死刑，後來因為國際壓力，金大中改為被放逐到美國。

在這段期間，因為朴正熙後期政府擴張產業太快，很多新的產業沒有達到預期的效果，全斗煥的經濟政策是採取比較低調的方式，以穩定為優先。全斗煥也在經濟上採取了一些自由化措施，包含金融機構的自由化、產業多元化，而且藉由較低的預算支出來控制國內的通貨膨脹。也為了控制物價上漲，因此也控制了薪資的上漲。此外，來自美國的壓力導致進口關稅下降。在此階段，政府提倡研究發展，試圖把南韓的產業由原來的勞力密集、資本密集，進一步轉成技術密集。不過，這些都不能平息大眾反對的聲浪，因為大家還是覺得他不民主，而且採取高壓政策。一九八七年暴發大規模的示威暴動，全斗煥在這個壓力之下，決定辭職，由全斗煥自己所挑選的人選盧泰愚來繼任總統。

一九八七年舉行總統直選，盧泰愚順利當選。選後他採取了一些保障人權的措施，對於媒體的管制也比較放鬆了。他也管制財閥的投資活動，開始幫助中小企業：一九七三年石油危機之際發生了大的通貨膨脹，房地產、大宗物資大幅上漲，很多大企業利用此一狀況賺了很多錢，引發人民不滿。另外，他也繼續推動一些自由化的措施。

但是，南韓基本的經濟決策的架構還是沒有改變，經濟還是以大企業為主，一九九〇年代中期（金融風暴之前），前十大財閥附加價值占GNP比率達四分之一，前三十大合起來占三分之一，可說相當集中；在此期間，政府還是繼續給予大企業政策指導。

同樣在這段期間內，一般人民的教育水準倒是大幅提高了，而且全斗煥時代所採取壓制勞工的政策在這段期間內大幅放寬，工會力量增強，薪資上升，工作時間減少，工作條件改善。到一九九二年，透過政黨的重組，由本來屬於反對黨的金泳三當選總統。金泳三當選後，進行了一些肅貪的工作，同時也對全斗煥和盧泰愚提起了訴訟。在此同時，他也進行了一些經濟上的改革，繼續一些自由化的措施，漸漸排除一些非關稅上的障礙，逐步想要走上全球化的道路。

金融風暴的襲擊

在這個過程中，他將資本帳完全的開放，意即資本可以自由地進出南韓，也將利率自由化，另外他也慢慢地把政府補貼的貸款減少了。一開始，南韓的經濟情況還算穩定，但是一九九七年發生亞洲金融風暴，到年底時南韓也受到了影響；在這個金融風暴的過程中，很多財閥面臨倒閉，無法支付外債。在此時刻，南韓剛好舉行總統大選，由金大中當選。他不得不接受IMF的要求，放寬外資入主南韓財團，以及進行更多的自由化，以換取IMF的支援。當時南韓人覺得屈從於IMF的要求雖不得已，但卻是一個相當大的恥辱，許多人遂把政府跟IMF達成協議的那天定名為「國恥日」。政府也發動大規模的運動，要求韓國人民捐助財產幫政府渡過難關，當時有很多的韓國人將自己手邊的金飾、貴重物品捐給政府，可見南韓人民民族主義和愛國主義之強。但是，捐助的金額當然不夠，南韓最後還是接受了IMF的條件。

金大中上台後對政敵的態度相當寬容，一上台後就特赦全斗煥和盧泰愚。金大中的政府也比較乾淨，他同時也訪問北韓，對北韓伸出和平的善意，此舉也讓金大中贏得了二〇〇二年的諾貝爾和平獎。這不容易；一般而言，亞洲風暴期間接受IMF條件的國家，當時幾乎沒有一個不更換政府的，因為IMF的條件都是緊縮政策，例如緊縮預算、降低補貼、排除價格管制，都會引起人民不滿。在金融風暴期間，南韓的經濟也呈現負成長，失業大幅增加，當然也會引起人民不滿，不過，金大中沒有立即垮台；他長期是反對派的人，又是金融風暴剛開始時上任的，他的政權還維持了一陣子。二〇〇〇年世界發生達康（.com）泡沫化，南韓電子業也受波及；二〇〇二年金大中競選連任失敗，由盧孟玄當選新任總統。

盧孟玄的政策和前幾任總統的不同，他是比較左派的，採取了很多對於勞工比較有利的政策。在此同時，隨著全球電子業的復甦，南韓的經濟又站了起來。在金融風暴期間後，許多人認為南韓將從此一蹶不振。美國知名經濟學家克魯曼，因為成功的預測亞洲將會發生金融風暴，名聲大噪；在風暴發生後，他又進一步預測，這個風暴乃因過去長久以來所累積的一些弊端所引發的，因此無法在短時間之內平息，發生金融風暴的國家將長期不振。但是，這次克魯曼看走眼了，南韓經濟逐漸復甦，甚至在歷經金融風暴期間的制度改革後，體質更強健了。盧孟玄當選後，歷經了很多次的政治風暴。反對勢力指控他的助理有污弊的狀況，一度還要彈劾他，他反手解散國會，進行改選，而其所屬的政黨獲得勝利，穩定了他的政權。

浴火重生的南韓經濟

南韓到了最近這幾年變成了一個很強的經濟體，它的強項包括了：

第一，民營企業經過亞洲金融風暴，進行了一次汰弱換新的動作，風暴後留下來的企業都是體質相對健全的企業，有些甚至已經強過日本。

第二，政治經過這麼多的紛擾，前面幾任總統因涉及貪污而被起訴，司法方面則是開始建立自己公正性、獨立性，民主也日趨成熟。

第三，金融風暴後，除了財團改組外，也因為世界銀行的介入，通過很多法律規章的修正，因此南韓整個體質在亞洲金融風暴後反而大幅改善。

第四，南韓企業發展國際品牌成功，在關鍵技術的研發方面也相當成功，這使得其企業的毛利，可以在全球化激烈競爭的過程中維持相對高檔，非亞洲多數國家專注於OEM、ODM的企業所能及。

南韓經濟強勁的成長，使得二〇〇五年南韓用名目美元所表示的平均每人所得，第一次出現超越台灣的狀況（二〇〇四年也曾短暫出現，但後來修正後的台灣數字變高，成為沒有超越）。南韓也已變成台灣的第二大逆差國，而逆差的主要來源則是電子零件如DRAM和快閃記憶體（NAND），以及電器用品、化纖材料。南韓的LG家電在台灣大賣，二〇〇五年成為進品家電的第一大品牌。

整體而言，南韓已經歷了大約三十多年的發展，整個經濟已經是相當成熟了。一九九七年的亞洲金融風暴對南韓來說是一個危機，但也是一個相當重要的轉機，反而加速了後來經濟的成長。

南韓雖然目前的經濟成長有不錯的表現，但還是存在一些需要改進的弱點，包括了：

第一，產業過份集中於電子業。過度集中的結果會導致較大的風險，例如若全球的半導體產業出現不景氣，南韓的經濟就會受到相當大的影響。

第二，南韓政府視財團為執行經濟成長目標的一個工具，因此在整個經濟成長中，是以大企業為主，企業過於集中，風險較大；中小企業、自我創業的部分很弱，這一點和台灣的情況較為不同。

二〇〇二年盧孟玄上台後，許多人認為盧孟玄屬於左派，採取太多管制，外資甚至還戲稱其為社會主義者，因此一開始對南韓股市不看好，有些甚至還撤出。但是韓國人自己對股市相當有信心，大量投資，造成南韓股市還是呈現大漲。其實近年來不只股市，南韓房地產也是處於快速上揚的趨勢。在亞洲金融風暴恢復的這段期間內，南韓很多人一夕致富，靠的就是投資股市及房地產。

就目前來看，南韓不只是電子、半導體、家電的輸出國，還是一個文化輸出國，例如近年流行的大長今、韓劇、遊戲等，這些都再再顯示南韓正處於逐漸強大的態勢。早期台灣經濟論戰發生時，許多人都以南韓為「借鏡」，作為一個激勵的力量，但很少人真正認為南韓會在不久的未來超越我國。但就目前情況看來，南韓似乎有凌駕於我們之上的趨勢，而往亞洲的第二個日本邁進。

墨西哥

有革命王國之稱

墨西哥自一八二一年由西班牙殖民地獨立以來，內部爭戰不斷、革命不斷，因此有人稱其為「革命王國」。一八六三年時還一度被法國統治過，只是後來法國人都認為勢不可為而撤退。

權威當政的墨西哥

直到一九三四年，墨西哥才出現第一個全國性並且有組織的政黨PMR，其組成份子有軍人、工會、公務員工會、集體農場等。PMR由一九三四年開始執政後，曾經更換過很多次黨內領袖，期間也經歷過多次的大選。第二次世界大戰以前，PMR的組成人員又有一些小變化，進一步納入一些農場規模較小的農民勢力，而黨中公務員、官僚、專業人士，例如醫生、律師之類人士的力量變得較以往來得大。當時的領導人Camacho將黨名由PMR改名為PRI。PRI所領導的政府有以下特性：

第一，在經濟政策方面，PRI採取高度管制的方式，其目的在於維護既得利益者，這個政策也造成社會上貧富不均現象的發生。不過，由其組成份子的分布可以看出，PRI雖然是既得利益維護者，這個既得利益者的分布範圍還是很廣的，因此整體來看，還算是一個大聯盟。

第二，墨西哥推動經濟建設的方式，是經由國營企業本身來執行國家的經濟政策，例如金融、能源、公共建設等方面的發展，都是經由國營企業之手。這樣的發展方式容易產生很多的弊端，到底該補貼多少、應執行什麼樣的政策、應由那個企業來執行，再再都與利益離不開關係。墨西哥也因此在發展過程產生了很多的弊端與貪腐的狀況。

第三，墨西哥雖然不遺餘力的發展經濟建設與開發，但是對於外來投資限制卻相當多，因此就某種程度來說，墨西哥是一個較為封閉的經濟體系。

第四，經濟發展的推動力主要是來自於國營企業，建設則集中在都市，使得都市與鄉村的財富差距相當大。以墨西哥首都墨西哥市來說，附近鄉村的農民必須到墨西哥來工作以賺取日常生活所需，但是在墨西哥市生活的費用太昂貴，加上墨西哥市的空間也不足，因此墨西哥市外逐漸形成一圈貧民區。這些生活在貧民區的人們白天進城工作，晚上再回到貧民區，這種現象導致墨西哥市成為全球最大的城市，人口超過一千萬人，每天交通都是阻塞的狀況。再加上由於墨西哥市是位於山谷之內，大量的汽車造成墨西哥市每天的空氣污染相當嚴重。有些墨西哥報紙每天都會報導前一天墨西哥市的空氣污染狀況，他們的測量方式很諷刺，就是將一隻金絲雀放在報社的窗台上，然後觀察這隻金絲雀是否能活過當天。這或許是個笑話，但卻真實了反映出空氣污染的嚴重程度。生活品質如此差，墨西哥市的人口還是繼續增加當中，因為農民還是不斷的由鄉村擁入墨西哥市內。

第五，墨西哥政府是個威權體制的政府，用盡各種方法來進行管制。政治方面，會藉由修改規則的方式使反對黨無法贏得選舉的勝利，或甚至是反對黨在地方選舉獲勝後，假借一些弊案逼迫反對黨的人下台，然後由政府直接派人來接任。在眾多的管制之中也包含了對傳播媒體的管控，逮捕記者、甚至關閉媒體。在這樣的威權管制之下，社會還是存在著相當程度的衝突，但是執政黨已經掌握社會中大多數社會階級的領袖，雖然時有紛亂，並沒有產生另一個可以和執政黨相抗衡的反對勢力。

第六，政府以國營企業來推動經濟的方式產生了許多的弊端，財政赤字的狀況日益嚴重。再加上墨西哥是個內需導向的國家，出口競爭力不足，政府只好藉由借錢和印鈔票來解決財政赤字的問題，埋下了通貨膨脹的種子。例如一九七六年外債高築，經常帳的收入不足以支付外債，眼看著政府就要面臨倒帳的風險，幸好當時發現了一處新油源，幫助墨西哥渡過危機。但是一九八一年國際石油價格開始下跌，這對身為石油輸出國的墨西哥來說是一個相當大的利空，果然隔年就發生了金融風暴：無法支付外債、倒帳、披索大貶，還引起了一大串連環效果。墨西哥以及其後南美多國的風暴讓許多美國銀行陷入困境，包括花旗銀行、美國銀行等。這次風暴使得墨西哥變成全球的第二大債務國。

過度升溫的經濟引發了南美洲的金融風暴

墨西哥在一九八二年發生金融風暴後，尋求IMF與國際間各國的援助。IMF和其他銀行承諾只要墨西哥能夠採取一些緊縮的政策來解決經濟問題，就會給予協助。也就是墨西哥必須要開始緊縮預算赤字、降低價格補貼，進行一些開放的措施。這些措施會對某些既得利益有所影響，但是為了渡過這個危機，墨西哥不得不接受IMF所開出的條件，確實開始作一些開放的措施，而且對於政黨、官僚做一些改革。在這段期間，約三分之一的國營銀行開始民營化，而所得稅、加值性營業稅也在一九八三年增加了。

加入國際組織，使得內需導向的墨西哥開始發展出口

一九八五年墨西哥加入GATT，當然在加入過程中墨西哥必須降低關稅，逐步去除一些非關稅的貿易障礙，這時集體農場的分割也被允許，逐漸分解為一些私有的、自由的農場；同期電信公司也民營化了，接著其他的國營企業也逐漸開始民營化了。

基本上，一九八二年至一九九四年期間，二任墨西哥總統馬德里（Madrid）和沙林納斯（Salinas）都積極在進行民營化的動作，尤其是沙林納斯，他任內大幅推動經濟的開放。在沙林納斯任內，墨西哥加入了北美自由貿易協定（NAFTA），使得墨西哥經濟開始蓬勃發展；墨西哥在一九九三年時也通過法令，解除了原先對外來投資的限制。這樣一個狀況使墨西哥的經濟過度依賴美國；但其好處是吸引許多外資前來投資，墨西哥也因此開始有一些勞力密集的產業，生產消費品，出口至美國，也就是原來內需導向的墨西哥開始發展出口，這對墨西哥的經濟有關鍵性的影響。

政黨輪替

然而，過渡依賴美國的結果是，當美國市場成長減緩時，墨西哥也會跟著受到相當大的影響。因此，一九九四年又產生了一次金融危機；為了應付此次危機，墨西哥披索被迫改為浮動，最後還是仰賴美國的援助才度過。

經過這二次的金融風暴後，墨西哥人民覺得雖然執政黨在任內實施過許多改革，但還是存在管理不良、政府貪腐的狀況，執政效能還是有待加強。墨西哥人民這樣的想法，導致PRI在一九九七年國會選舉時在參議院雖仍是多數，但卻第一次在眾議院中喪失多數。

到了二〇〇〇年，反對黨（PAN）的領袖福克斯（Vincent Fox）當選總統，這是七十年以來PRI第一次喪失政權。PAN雖然贏得了此次大選的勝利，但在國會裡還是一個少數黨，因此在後續一些政策的推動上，福克斯也面臨了一些相當的阻礙。

福克斯任內的經濟改革

福克斯是一位相當親美的總統，上台後也進行了一些改革，包括政府透明化、媒體自由化等，也極力推動更加自由化的政策，進行政府肅貪。除此之外，他還推動一個Progessa計畫，其中包含了政府補助窮人就醫、上學。這個計畫其實是延續前幾任執政者的政策，只是福克斯在上台後，擴大推動。這個計畫的適用對象範圍很廣，涵蓋了全國大約四分之一的百姓，立意很好，但變成政府財政上相當大的負擔。福克斯其他重大的改革方案，例如稅制改革、勞動市場改革等，因為在野黨的阻撓而無法順利的施行。

在貨幣政策及財政政策方面，福克斯是採取緊縮的態度，因而有效的控制了政府財政赤字的狀況，成效相當顯著。在一九九五年時，墨西哥的GDP還是呈現負六%的成長，但是由於福克斯上台後的一連串改革，導致墨西哥成長復甦的情況相當不錯，通貨膨脹也獲得良好的控制。

墨西哥經濟之剖析

到了二〇〇四年之後，石油價格上漲，墨西哥也因此受益不少。其實，墨西哥經歷了一連串的自由化改革後，採行穩定的、緊縮的政策也有良好的效果，再加上經濟成長才剛開始起步，因此應當是一個不錯的長期投資對象。但是墨西哥也有其弱處，包括：

第一，墨西哥的金融體制相當得不健全。

第二，貪污的狀況還是隨處可見。

第三，教育水準普遍來說還是相當低。

第四，雖然經濟已有不錯的發展，國內的公共建設還是不足。

第五，城鄉差距過大、種族之間的問題，長久以來並未獲得顯著的改善。

第六，由於城鄉差距過大，在都市週圍的貧民區還是存在相當嚴重的地下經濟，甚至有非法凌駕合法的狀況。

第七，由於NAFTA的關係導致墨西哥過度依賴美國。

第八，石油是墨西哥一項重要的出口品，因此，墨西哥對油價的敏感度較高，易受國際油價的影響（但是這個現象的嚴重程度比以前來得輕微；主要因為外資進入，墨西哥開始有了勞動密集的產業，有相當程度的產品出口至美國，使石油出口占GDP的比率逐漸下降）。

由上述的分析可知，其實墨西哥的政權輪替是相當平和的，近年來經濟改革的腳步從未停止，也可說，墨西哥的政經環境相對來說都是穩定性較高的。如果墨西哥能夠一一克服上述所提這些弱點，憑其龐大的國內市場、臨近美國這個國際大國、NAFTA協定的優勢，墨西哥應該能如高盛報告中的預測，在二〇五〇年時成為全球第六大經濟體。

今（二〇〇六）年七月墨國將舉行總統大選，根據憲法福克斯不能連任。目前各界較看好的是稍微左傾的墨西哥市市長Obrador（屬於PRD黨）；而大家對於他的政策走向不十分確定。美國會希望他像巴西的魯拉——偏左但務實，而不像激進反美的委內瑞拉總統查維茲。到底像誰，目前跡象不明顯，不過他已表示會繼續尊重NAFTA，只是希望在自由貿易以外，增加協助經濟發展的機制。

土耳其

獨立後的經濟發展師法俄羅斯

土耳其於國父凱末爾（Kemal Ataturk）領導獨立戰爭獲勝後，於一九二三年獨立，組成共和人民黨（RPP）——一個由軍事、官僚、商賈以及其他各地領袖等上流階層所組成的政黨。獨立以後到第二次世界大戰期間，土耳其主要採取蘇聯式的經濟發展模式；在當時許多開發中國家，蘇聯革命之後以國家為主體發展重工業，加上對於經濟的高度管制，被認為是流行的發展模式。

長時間的掌權使政黨內部變得腐敗，而且由於經濟發展背後的主要推動者是政府時，私營企業遭受到很大的壓制，於是執政黨內部開始產生裂痕。這個裂痕到了官僚提出土地改革法案時終於浮上台面。RPP本來是由地主、商賈、官僚、軍人所組成的聯盟；土地改革政策與地主的利益違背，於是城市的商人和鄉村的大地主從RPP中分裂出來，組成新的政黨，叫作民主黨（DP）。

RPP和DP二個政黨僵持不下，最後決定用選舉的方法來決定政權的歸屬。RPP自認為自己是執政黨，又推動土地改革法案，可以拉攏小農，勝算很大，但是DP的商人及大地主動員能力超強，竟獲得勝利。

藉民營企業之力來推動經濟成長

一九五〇年DP掌權，仍採取工業化措施。與之前RPP執政不同之處在於，DP傾向於重用民營企業，依靠民營企業來推動經濟成長，亦即原來在RPP時代是由公營企業來執行的政策，現在則是透過民營企業來處理。這樣的改變很正常：新執政黨DP的組成份子（商人及大地主）希望在經濟發展過程中扮演角色，獲取利益。

但由於當時的經濟還是處於高度管制的情況，有太多可以貪腐的機會。原來由官僚及軍人為主的RPP執政時已經出現貪腐的情形，在DP執政以後，情形更加猖狂。而且為了政治的考慮，政府作了很多承諾，也花了很多的錢。在沒有外匯支援的情況下，財政開始出現赤字。政府向IMF尋求援助，IMF同意，但同時要求土耳其政府緊縮預算赤字、減少價格補助、讓價格由市場自由決定等。這些政策長期來說可以解決土耳其的問題，但是在短期間都會造成人民的痛苦，於是人民走上街頭抗議，且情況越演越烈，社會動亂；最後由軍方出面，推翻執政的DP，改讓RPP暫時會到政府，但RPP依舊無法徹底解決混亂的局面。

由DP演化成的新政黨JP，在一九六五年大選時又重新執政。RPP經過幾年的沈澱，決定採取左派路線，將其選民的基礎放在城市的工人及鄉下的小農身上。而JP則是以宗教方式，試圖拉攏回教基本教義派來反制RPP。由於土耳其位於蘇聯的邊境，長期以來都受到威脅，很多土耳其人反共也畏共。於是，JP一方面以伊斯蘭基本教義派走它的民粹，一方面在選民心中塑造RPP是「共產黨同路人」的印象。至於其實際施政作為，則和下台前的JP一樣，維持保護主義的溫床，讓貪腐滋生。

所以到了一九六〇年代末期，政府亂花錢、預算不夠、通貨膨脹、貶值、外匯危機等狀況又再度發生。又有街頭運動起來抗議，導致社會大亂，軍人再度起來干政，這種混亂離最近的一次大約只隔了十年。政變之後，暫時由軍政府自己執政。一九七三年，軍人把政權還給了JP。此時JP因在國會內席次不夠，必須找其他黨來組成聯合政府，於是拚命花錢來籠絡其他小黨，又引發了另一次的通貨膨脹、貨幣貶值，引起人民的不滿。到了一九七八年大選，JP失敗，RPP重回政權。

但是土耳其外匯危機相當嚴重，RPP無法控制局面，一九七九年年底遭倒閣，JP又再次掌權。這個時候，國家情況壞到甚至沒有外匯可以進口民生必需品，如燃料、能源、食物等，人民非常痛苦。全國大亂，軍方再次政變，強迫JP總理下台，直接請當時聲望頗高且有改革形象的副總理歐索（Ozal）執政。

經濟改革陣痛期間，政治動盪不安

一九八〇年代，歐索上台以後，開始做改革措施，土耳其看到一些希望，包括減少進出口的管制、控制預算。歐索執行改革，許多既得利益的官僚不支持，於是他越過這些官僚作改革。改革在一開始時看來很成功，但馬上出現問題：為了控制通貨膨脹，必須大幅提高市場利率，結果很多銀行倒閉。土耳其軍方一看情況不對，就把歐索拉下台，第二年舉行大選。

歐索組了一個土耳其祖國黨（ANAP），自己參加大選，並且獲勝，於是他得以繼續推動改革。在改革政策的推動下，土耳其在一九八〇年代中期的狀況還算不錯。

原本JP或RPP在位時，其政策導致人民不滿時，通常是用強硬的高壓手段來阻止反對勢力的誕生，包括禁止組黨、禁止言論自由、限制人權。但在歐索執政以後，這些都慢慢的恢復了。這時，JP改名為DAP，強調回教基本教義，開出許多政策支票，號稱要給各產業優惠；RPP改名為SHP，則拚命拉攏工人和小農；二者皆有民粹成分。

執政的祖國黨，害怕其他二黨的支持度增加，也改走拉攏民眾的民粹路線，開支票、花錢。結果，過去大約每十年上演一次的舊故事又躍上台面：政府赤字、通貨膨脹、貨幣貶值、民不聊生。在一九九一年選舉時，祖國黨依舊失去了多數。

一九九〇年代的政治情況比較混亂，尤其在前半部，主要是由SHP改組而來的社會民主黨（DHP）、ANAP（祖國黨），還有從ANAP分裂出來的DYP，組成聯合政府，但不穩定。

在這期間，也崛起了一個以伊斯蘭基本教義派為訴求的福利黨（RP），它的領袖為厄爾巴坎（Erbakan），是個回教的基本教義派，他曾經在混亂的過程中當選短暫的總理。

一九九一年伊拉克入侵科威特，聯合國通過以經濟制裁伊拉克。但伊拉克和土耳其是鄰國，有很多貿易，對土耳其的農產品出口不利；政府為了拯救農民，給了很多補貼，又造成通貨膨脹，在一九九四年發生通貨危機。

亞洲金融風暴、天災的雙重衝擊

一九九七年泰國爆發亞洲金融風暴，全世界的錢都從新興市場撤離，那時俄羅斯本身情況不是很好，外資一撤，俄羅斯政府無法支付公債利息，於是宣布不再支付公債；俄羅斯信用倒帳就這麼發生了。土耳其和俄羅斯是鄰國，有許多貿易；俄羅斯一倒，土耳其雪上加霜。一九九九年又發生大地震，加上當時總理和總統不合，一個主張反貪污，一個主張維持舊秩序，整個國家處在非常大的紛擾當中，二〇〇〇年及二〇〇一年各發生一次通貨危機。

自由化的措施會讓經濟比較好，但常常會造成貧富不均。此外，過去經驗顯示，不論執政者是誰，到了後期貪污情況都非常嚴重；尤其歐索下台以後，不穩定的聯合政府，大部分都是中間路線，意識形態上雖然不左不右，但實質上是很貪腐的。一九九九年大地震，執政者對於地震救援沒有效率，民眾更普遍不滿。

天災、人禍衝擊下，土耳其人民擁抱伊斯蘭教

民眾看到無數的政黨上了又下、下了又上，但最後結果都一樣。看到官員貪污，看到經濟改革帶來所得分配的不公平，更嚴重的是，看到地震，看到天災和人禍。在經歷這些劫數後，人民做出了一個新的選擇。土耳其人做出來的新選擇是——擁抱伊斯蘭基本教義派。他們認為以宗教為訴求的政黨，也許還有希望。

在這種情況之下，伊斯蘭基本教義派的政黨在二〇〇二年贏得大選。當任總理的，就是厄爾巴坎繼任者艾多根（Erdoğan）。上台以後，不但沒有採取任何激進的伊斯蘭教措施，還大力推動民主化及經濟改革。比如說，他恢復言論自由，抑制警察欺壓人民。另外，他積極尋求加入歐盟；在加入歐盟的過程中，他必須先滿足許多政治上及經濟上的條件；基本上，政治方面必須更民主化，經濟方面必須更開放，法律要更透明。

土耳其經濟發展的新希望——控制預算、經濟改革

他也控制了國家的預算赤字，把國營的銀行、通訊、能源民營化，並修正許多不合事宜的法令，讓市場可以發揮更大的功能。這部分成效相當良好：二〇〇四年通貨膨脹率只有十一%，去（二〇〇五）年更只有八%；相較於其他國家，這是一個不低的通貨膨脹率，但是對絕大部分的土耳其人來講，是幾十年以來從很少看到的，因為以前動輒百分之數百，甚至上千。通貨膨脹逐漸穩定下來，經濟成長也恢復正常；一般認為如果艾多根的政策持續下法，政權穩定，土耳其就能夠非常穩定的朝著加入歐盟的方向前

進。在這些大環境之下，土耳其有希望在戰後第一次脫離十年一次的夢魘，轉變為一個比較有希望的國家。

但是土耳其政府力量還是很大，還是有很多不合理的法規，要徹底改變這些舊習是需要些時間。因此，有些人權團體認為土耳其雖然修改了很多法令，例如保障婦女等，但是卻沒有徹底執行，仍然歧視女性；其他的許多人權狀況如濫用警力、司法保障富人、箝制媒體等也類似，有進步但甚為緩慢。土耳其要真正的民主化、真正變成市場經濟，還有很長的一段路要走。

泰國

不斷擴增的國營企業

泰國從來沒有被西方殖民過，而是由國王所統治。在西方勢力入侵泰國的時候，泰王用了很好的外交手腕，和西方和解，避免泰國變成殖民地。國王的權力到了一九三二年產生變化，軍方以及官僚發動了不流血的政變，取得了實質上的政權。可是在一開始的運作期，權力的歸屬並不穩定，中間還曾經在第二次世界大戰期間短暫被日本人占領過；掌控權力的軍人，對於利用國家的力量干預經濟習以為常的，一個又接著一個的政府，都建立了新的國營企業，或者是擴大了既有的國營企業，以至於像鐵路、電力、水，還有消費品的製造，都有國營企業的影子。

在這個過程中，也看到軍人政府對於西方以及華人經濟勢力的削弱。有些國營企業的建立是要接管西方跟華人的企業，本土泰國人藉由政治權力的樹立來拿回工商業主導權的意味很濃。但是實際上很困難，華人的管理與商業的能力一時難被取代；很多事業名義上是收歸國營了，管理階層還是由華人在主控。

戰後一九四八年，一次軍事政變中，過去曾經掌權過的提布爾，重回到政治的舞台。一九五一年，提布爾重新把一九三二年的憲法搬出來，讓軍人正式進入國會。一九五二年政府又改變法律，增加它自己的權力，包含逮捕人民以及控制媒體方面的權力。這個期間軍方的勢力大幅擴張，他們不但進入國會，也開始建立自己的企業，並逐步大幅掌控國營企業。在這種扶泰排華意味的政策之下，許多華人企業展開與軍方的合作，給軍方無償股權，讓他們能夠進入華人的公司，擔任董事來分享利益。在這個期間，國營事業又擴張到稻米貿易、木柴、畜產、金礦、水泥、紡織業，可以說是廣泛的介入經濟每個角落。

高壓政治下的經濟發展

一九五七年爆發了一個醜聞。一家大型國營企業——國家經濟發展公司（生產糖、大理石），因為經營不善，累積太多的債務而破產，對當時政府財政造成重大的影響。後來演變為政治上的一個危機，藉著這個機會，沙立特將軍在一九五七年發動政變，把當時的強人提布爾推翻了。沙立特上台以後，相當專政，暫時把憲法廢止，禁止政黨活動，把國會關閉，完全實行軍政府。他頒布了一個新憲法，讓他的政府享有極至上的權力，廣泛地參與商業活動，包括造船、印刷、建築，還有貿易；另外他也跟華商合作，取得利益。

在政治上的高壓之下，沙立特是希望藉由經濟上的成長來讓他的政權獲得正當性。在他任內有鑑於前幾任政府對國營事業管理不善，導致財政危機，於是接受世界銀行的建議，成立了預算局，然後用技術官僚來擔任官員，也就是希望能夠更有效的控制政府預算。另外他也通過了投資鼓勵法，給予本地以及外來投資者租稅的優惠，可以自由的匯出利潤，也對於他們有財產權的保障。罷工也是禁止的，但很重要的就是，一反過去比較排華的作法，他傾向於鼓勵華人來投資，然後讓華商所帶領的民營產業，成為經濟的重要動力。另外他也提高了關稅，讓進口替代產業得以進行，在這個時間剛好米價的上升，所以泰國的經濟逐漸好轉，經濟成長相當的快速。

一九六九年，沙立特過世以後，他儂將軍繼任總理。本來在沙立特的後期，在他所創建新憲法之下成立的國會，又被他儂關閉。他儂基本上也是以官僚、大商人以及軍人三方面聯合的勢力來執政。他把自己的兒子指派為大約四十家公司的董事。可是這樣一來，反而引起大眾的恐慌，以為他以後要搞軍事家庭的獨裁，所以就爆發了大規模的示威，要求民主。

示威遊行趨於非常激烈的時候，泰國國王要他儂離開泰國，而真正舉行一次的民主選舉，這是在一九七〇年的時候。不過，當時選舉的結果是一團亂，有二十個政黨進入國會，領導階層很不穩定，加上一九七六年越共在越戰上的勝利，又造成泰國的恐慌，擔心越南是不是要進軍柬埔寨，進而侵略泰國；這時軍方又介入了，把一個反共的法官送上總理的寶座；可是這位法官作事情太過霸道，後來又被推翻了，由比較自由派的克里安薩來執政。

石油危機後，經濟發展逐漸由進口替代轉為出口擴張

在這段期間，經濟上剛好碰到石油危機，但是幸虧產品的價格也上漲，所以泰國受到石油危機的影響不像其他國家那麼嚴重。另外隨著布列登森林體制的瓦解與美元的貶值，美國人到泰國的投資減少了；而且一九七五年越戰結束以後，美國在利用泰國當作軍事基地支出也減少了；幸虧日本的投資增加了，變成是泰國的最重要的外來投資者；日人的投資使得泰國的加工食品業、成衣業以及電子業開始建立，所以這個期間的經濟成長也相當不錯。

一九八〇年由於擔心越南入侵，一些年輕的軍官迫使克里安薩辭職，而由普里姆將軍來繼任總理。普里姆將內閣位置三分之二留給政治人物，其他與總體經濟有關的才由技術官僚來掌握。他的領導有很好的效果。尤其是在石油危機以後，泰國接受了很多

世界銀行結構調整的建議，前一階段作為工業化主要力量的進口替代，到了這個階段被認為應該改成是由出口導向的發展，所以他抗拒了軍方對於泰銖貶值的不滿，讓泰銖貶值了好幾次，逐步接近市場的匯率。這樣一來，原先被高估的泰銖對於出口所形成的一種抑制的力量被拿掉了，出口大幅擴展。其實這樣的「換檔」在很多從進口替代轉成出口擴張的國家都可以看到，包括台灣內在，只不過在台灣這件事發生得很早，大約在一九六〇年就發生了，而泰國是到一九八〇年才發生；當然這二個地方經濟發展的程度也不一樣。

普里姆進一步也對於軍方的武器採購作出了限制，這樣一來，就讓政府的支出獲得控制；從一九八一年至一九八五年，他漸次的降低了出口稅，一九八〇年也降低了營業稅，這些都是為了要讓以出口為主的產業有比較好的成長機會。同一時期，許多在美國受教育的技術官僚回到了泰國，而且進入政府；在這段期間，我們看到了泰國經濟轉型和高度成長。一九八八年以後，普里姆將軍還政於民，讓民選的總理來執政，但是好景不常，軍人對於民選政府的表現，認為太不穩定，缺乏領導中心，所以一九九一年年又發動政變。不過此次政變引起人民普遍的反感，引發大規模的示威活動，所以一九九二年開始軍方又還政於民，以選舉的方法來產生政府的領袖。只不過在還政於民以後，就跟以前曾經發生過的情況一樣，由六個政黨組成多數聯盟，很不穩定；政黨的成員常常會跳槽，來獲取更高的政治利益。在這樣一個政治紛爭之下，經濟還繼續保持高成長，不過在政策品質方面就不如前了；尤其在自由化方面可能作得有點過速、過早，而對總體經濟穩定的控制不足。

亞洲金融風暴的導火線

一九九〇年至一九九三年之間，泰國將資本方面的管制解除了，資金可以自由進出，可是又同時維持固定匯率；這二個政策的同時存在，埋下了不安的種子。在此期間，一開始由於泰國經濟成長很快，出口旺盛，有許多的熱錢流入泰國，來炒房地產、炒股票、投資企業，到了一九九五年經濟已經過熱，空屋率上升，許多的投資並沒有得到預期的收益，一九九七年就發生了有一家投資公司（類似投資銀行）倒閉，引發了大家對於泰國後續成長的一種疑慮。在當時亞洲華爾街日報也正好出現一篇文章，把泰國當時的情況跟墨西哥三年以前所產生風暴的背景相比較，發現有若干的雷同之處，所以有一些外資就開始警惕，進行縮手。

不久之後，泰國發布最新的貿易數字，發現經常帳的赤字比預期的要大，外國的投資人就開始抽錢，然後馬上引起連鎖效應。可是泰國中央銀行不願意讓泰銖貶值，資本帳又完全開放，於是在外資抽退的過程當中，把泰國的外匯存底消耗殆盡，不得不接受泰銖即將要崩潰的事實。一九九七年七月二日，泰銖改成浮動匯率，馬上就大幅貶值了四十%，引發了整個金融風暴，這就是一般所知道的「亞洲金融風暴」的開始。由於無法支付外匯，不但原來被炒高的房地產與股市崩盤，連正常的生產廠商都受到影響：他們沒有辦法取得外匯，進口所需要的原料，出口停頓，整個經濟陷入恐慌。

泰國政府不得不求助於IMF，而IMF的條件是要立刻緊縮，而當時政府不得不從。可是這從總體政策來看，這是非常不合理的。因為當時泰國基本面並沒有太壞，是所有外資同時撤出才造成崩盤，換個角度來想，任何一家銀行如果發生所有存款人同時提款的話，都會引發倒閉的危機。一般認為當時IMF所建議的財政緊縮，應當只適用於那種政治需求造成政府赤字上升而需要不斷印鈔票的國家。對那些國家祭出的方法，不適用於像泰國這樣基本面還不錯，也就是整個政府預算運作都還算是相當健康的國家。所以IMF這樣的「藥方」遭致許多經濟學家的批評，認為這樣的政策對泰國而言是雪上加霜。果然，一實行這個政策以後，當時總理查瓦利立刻遭受到民眾大規模的抗議，而不得不交出政權，由乃川接著來收拾金融風暴以後的殘局。

當然，有些跨國機構的建議是好的，例如整頓金融機構。乃川在位後便配合IMF和世界銀行的要求，對於金融機構作了整頓，多數投資公司或者被清算，或者被併成商業銀行；此外，也在世界銀行的建議下，修改法制，通過包含企業破產與重整在內的相關法律。這些體制改善，對於日後經濟的健全運作有重大的助益。

在此同時，政治上也有重大突破。泰國在當時有一部較進步的新憲法在運作，在經濟危機中，國會通過了新的憲法，大幅削減了國家的權力，維護基本人權。當時成立了一個人權委員會，專門揭發違反人權的事情；另外也成立了一個獨立的選舉委員會，來舉辦選舉，讓選舉變得很公正透明。

二〇〇一年，在新憲法之下舉行選舉，意外地由泰國的通訊媒體大亨，全泰國最富有的人——塔信——獲得大勝。他的黨贏得了過半的席次，這是在泰國歷史上從來沒有發生過的事情。

暴風雨後的泰國經濟

二〇〇一年塔信當政以後，當務之急是趕快把泰國的經濟恢復過來，他持續了一些乃川任內的改革政策；另外，他也讓農民享有比較廉價的建康保護，以及給予農村信用貸款，讓農民可以打消債務。這樣作是有其政治考量的：鄉村地區的中下階層農民是他主要的支持者。

在總體經濟方面，繼乃川而起的塔信認為，必須改弦易轍，改採擴張性的財政政策，讓泰國經濟能夠從金融風暴的低潮中站起來。這樣的政策奏效了，經濟逐漸復甦，稅收增加，政府赤字未因支出增加而惡化，反而在二〇〇三年後獲得解決，政府債務也控制在合理的範圍內。在塔信執政的期間，泰國經濟表現相當亮眼，很多在亞洲金融風暴期間逃離的資金又開始回到泰國，被視為是一個非常有潛力的國家。

不穩定的政局

塔信雖然在經濟方面作得不錯，民調也很高，不過他在執政過程中，還是採取很多強硬的高壓措施，開民主的倒車，包含加強對媒體的控制。在執政前，他本來就是媒體大亨，在執政以後，還是繼續控制他家族的企業，引起很大的反感。壓力大到一個地步，在今（二〇〇六）年年初的時候，他的家族把他們的媒體事業以很高的價格賣給新加坡的淡馬錫，不過還是引起各界的批評。民眾認為他在這個過程中逃稅，也讓泰國的媒體變成由外國勢力所控制，對他不滿的聲浪更大。在此時刻，他有很多原來政治上的盟友倒戈變為敵人。塔信面對壓力，採取更多強硬的反民主措施，反對勢力的抗爭就升高了。剛開始只是政治的反對人物，後來連都市的中產階級也參加了。雖然塔信在鄉村還有非常高的聲望，不過面對這樣的壓力，他不得不宣布解散國會，較預定日期提早三年舉行大選。

反對黨對大選的杯葛，讓三十九個選區執政黨候選人無法通過最低的二十%門檻，而必須重新選舉。在曼谷等都會區，和泰南工商業繁榮區，塔信政黨的支持度都較上次選舉大幅下降。反對勢力的堅決抗爭，迫使塔信低頭，於今（二〇〇六）年四月四日於覲見泰王蒲美蓬後宣布不續任下屆總理，而只看守到新總理產生為止。政治動盪，引發泰國股市不安，工商業的運作倒似乎還算正常。不過，到底這次政爭如何落幕，會不會對經濟形成衝擊，還有待觀察。

菲律賓

菲律賓之獨立

菲律賓過去曾是美國的殖民地，更早期是西班牙的殖民地。在西班牙殖民的時候，經濟並沒有很大幅度的成長，菲律賓基本上是只西班牙人開設農場、種植農產品並出口取得資源的地方，西班牙並沒有要開發當地的長期打算。

美國從戰爭中獲勝取得菲律賓的殖民權以後，採取比較有利於長期發展的措施，包含一些公共建設，對於菲律賓的經濟成長有相當貢獻，甚至有人把菲律賓農業快速成長的「起飛」點，定位於美國取得菲律賓當殖民地的時點。不過戰後由於世界趨勢，以及菲律賓本身也開始有獨立的思潮，美國積極輔導菲律賓獨立，所以它獨立過程是被原來的宗主國所允許而非制止的。也因為如此，二國的關係非常密切，尤其在獨立之初，美國給予菲律賓很大的優惠，讓菲律賓的產品能夠享受低關稅或者免關稅進入美國；雖然到後來，因為菲國出口（糖與鳳梨等）威脅到美國本身行業的生存，因而開始變換政策。不過至少在一開始的時候，曾給了菲律賓很大的幫助。另外美國也給了菲律賓很多的直接的經濟援助。

菲律賓本身社會有高度的貧富不均（吉尼係數高達〇・四六），主要是地主階層非常富有，佃農以及自耕農相形之下就有很大的差別。在這樣的背景下，菲國開始了試圖工業化的歷程。

在美國的輔導下逐漸發展進口替代

在獨立之後，利用美援，菲國在美國的祝福之下，以及在國內權貴的支持和參與下，開始進行了進口替代的工業化。這個時期就如同其他國家在進口替代工業化的過程一樣，工業成長非常迅速，加上有美國的支持，一般都非常看好菲律賓；菲國被認為是亞洲未來最有希望的一個經濟體，成為亞洲新興發展國的第一名。當時台灣還有人到菲律賓當菲僑的幫傭。

在政體方面，原則上是採取選舉，不過民選的政府不斷的遭受到挑戰，其中最重要的挑戰來自著名的共產黨虎克游擊隊（Huks）。虎克游擊隊在對日抗戰的時候也曾加入，本身就非常壯大，但是在戰後組成政府的時候，因為美國扶持的是反共的政府，共產黨沒有辦法進入菲律賓的國會，虎克游擊隊就在呂宋（Luzon）等地區把沒有土地的貧農聚集起來，變成一個很有效的反叛力量。當時政府中有一位能幹的國防部長麥格賽賽將軍，因成功的處理虎克游擊隊而聲名大噪。他使用的方法是軟硬兼施，一方面組織比較有效的部隊來對虎克游擊隊施壓，另外一方面，他也讓佃農的生活改善，把一些土地分配給佃農，而且給他們農業貸款，讓他們能夠安身立命。他也讓虎克游擊隊裡面，投奔到政府這邊的農民，免費取得農地，而且給他們特赦，這樣一來的話，虎克游擊隊的支持者就大幅的下降，然後再配合軍事行動，把虎克游擊隊的問題解決了。因為這樣，他在一九五三年當選為菲律賓的總統，但他後來在一九五七年意外死亡，由加西亞繼位。

麥格賽賽和加西亞在經濟上所採取的政策差不多，主要還是維持進口替代的工業化。但是在進口保護之下，政府的管制慢慢產生一些弊端；逐漸有人對弊端表示不滿，在一九六一年出來競選總統的馬卡帕，他的競選口號就是要消除政府管制，掃除貪污，創造一個自由的市場，也因而當選了總統。在馬卡帕上任以後，的確進行了一些經濟的改革，包括放寬了外匯跟進口的管制，讓披索貶值，而且緊縮了國內信用來控制通貨膨脹。不過，在進口方面保護還是沒有減少，甚至消費品的關稅反而提高，到了一九六五年消費品的關稅已經提高到七十%。

由進口替代逐漸轉為出口擴張

此時，菲律賓政壇出現一個新的明星，一個年輕時曾經加入抗戰游擊隊的律師——馬可仕，贏得了一九六五年的選舉。他的競選口號是要土地改革，而且要發展經濟。馬可仕剛上任的幾年，菲律賓的經濟還不錯，他進行了比較多的出口的鼓勵，希望能夠把以內銷為主的進口替代產業轉成出口擴張。另外在那時候菲律賓也發生了所謂的綠色革命，就是利用新的稻米品種，還有新的生產方法，讓稻田的生產力大幅上升。可惜的是因為貧富差距太大，很多新的技術只及於大地主的大農場，一般的小農還是沒有辦法參與綠色革命。總括而言，在馬可仕剛上台的前幾年，菲律賓經濟還是保持跟過去一段時間一樣相當高度的成長，所以一直到那個時候，多數人還是看好菲律賓經濟。

政治貪腐引發國內財政危機與經濟萎縮

可是等到馬可仕當政久了以後，就開始有變化；他開始用政府的預算來鞏固他的椿腳，而且開始讓他的家人經營很多事業，從中間取得很大的利益。一九六九年他競爭連任的時候，花了很多錢拉攏選民，政府預算就有了赤字，稅收不夠，他就印鈔票，然後就產生了通貨膨脹、貨幣貶值的問題，產生金融危機，幾乎沒有辦法支付外債跟進口。可是因為馬可仕政權親美，美國還是給他很多的援助，讓他度過難關；好像每次馬可仕不管碰到什麼危機，都可以包裝出一個新的改革方案，然後利用這個方案得到IMF的貸款。

一九七一年舉行參議院選舉，狀況空前的血腥，選舉的過程中大概有二百人死亡，也有很多人受傷。在這樣的情況之下，人民的不滿漸次升高，這種情況讓馬可仕覺得他非採取極端的措施不可。一九七二年他宣布實施戒嚴，把數千個政治上的反對者關入牢獄，把報社關閉，把電台跟電視台都改成由國家接管，所有的個人自由都被壓制，而且不准罷工。在這個過程中，馬可仕跟軍方密切合作。一九八一年在高壓、舞弊而且反對黨缺席抗議下，他又當選總統；在同一年，戒嚴令解除了，但是抗爭活動立刻升高，也有很多媒體記者被謀殺；一九八三年艾奎諾（Benigno Aquino, Jr.）從美國回到菲律賓，在機場被刺殺，引起群眾大譁。

所以在一九七〇年代，菲國在政治上充滿了驚濤駭浪，包括了民主的倒退，經濟上也受到了影響。尤其在艾奎諾被刺殺以後，大家覺得事態嚴重，很多外資跟本地資金都逃離菲律賓，導致外匯狀況不佳，為了取得新的IMF貸款，政府甚至還更改經濟數字。在一九八四年至一九八六年間，整個經濟產生非常嚴重的衰退，GDP大幅萎縮了約二十%。在這種情況之下，全國對於馬可仕的反應如火燎原。在艾奎諾出殯時，參加他喪禮向他致敬的民眾高達二百萬。一九八四年雖然有舞弊，馬可仕的執政黨還是在眾議院的選舉中落敗了；為了強化他的支持，馬可仕決定在一九八六年舉行總統大選。艾奎諾被暗殺前，反對派人士互相鬥爭，互相抵消力量，但是經過暗殺事件，所有反對黨人士全部集中力量，團結起來支持他的遺孀柯拉蓉艾奎諾競選總統。可是一九八六年馬可仕靠著作票還是當選了，這樣一來，菲國就發生了大規模的示威抗爭，百萬計的群眾走上街頭，教會、國際壓力、甚至軍事軍官都出來指控他；馬可仕看情況不行，就逃到美國。之後，一九八七年時菲律賓經由公民投票通過了一個新的憲法。

政權交替無法完全消弭經濟成長的障礙

為了怕再碰到像馬可仕這樣的獨裁者，新憲法規定總統一任是六年，而且不得連任。在這樣新憲法規範之下，艾奎諾夫人當選總統。在她當選以後，她組成一個委員會，調查有多少國家財產被馬可仕侵吞，她也釋放了一些在監牢裡的共產黨領導人，鼓勵游擊隊投降，由政府給予特赦、金錢支助、就業機會和訓練課程。但是菲律賓政治的整個生態，還是沒有改變，艾奎諾夫人能作的其實也相當有限。艾奎諾夫人自己本身就是全國最大農場的家族出身，所以在她當選前所承諾要作的土地改革並沒有執行，另外她雖降低若干製造業產品的關稅，但是反而把農業關稅提高來保護農民。不過，一般而言，貿易與投資的管制還是被放寬了。

一般都認為，艾奎諾夫人不是很有效的總統，她沒有辦法真正領導菲律賓政府。除了她沒有辦法動搖原來菲律賓那種菁英階層統治基本結構之外，她在很多方面並不能有效掌控政府；有很多基本建設像交通非常落後，成為經濟發展的障礙，但都沒有辦法解決。所以，艾奎諾夫人在位時，經濟成長雖然比危機的時候要好，還是面臨一個相當不穩定的局面。尤其在她執政的後期，有很多極右派的軍官對她有疑慮，所以曾經有五次政變意圖，要把她推翻，每一次都是由當時的國防部長羅慕斯來化解。不過，至少就政治上的清新形象而言，艾奎諾夫人政府比馬可仕時代要好。

羅慕斯總統在位期間，菲律賓經濟踏上正軌

一九九二年羅慕斯當選總統，他是過去馬可仕時代就在軍中服務的一個將軍。作為一個務實派的領袖，他上任以後首先巡視全國，聽大家的建言，拚經濟。他最主要的貢獻是維持政治穩定，然後把嚴重落後的公共建設補起來。在政治上他容納各方人士，讓他的支持者也能夠在一九九五年眾議院選舉中獲勝；這段時間，一九九二年至一九九八年羅慕斯在任期間，可以說是菲律賓經濟成長又恢復到常態的一個優勢期。他同時也作一些自由化的政策，包括降低關稅，而且把幾個國營事業民營化，包括通信、航運、海運、空運、電力、銀行還有零售業，都交給民間企業或者國外投資者來經營。同一時期菲國對外資本帳開放，披索可以自由在國際上兌換，政府預算大致平衡，匯率則能夠隨時機動調整。在他任內也確立中央銀行的獨立角色，而且是以控制通貨膨脹為最重要的任務。

他也把共產黨合法化，而且成立了一個委員會，專門從事跟共產黨、回教徒以及曾

經參與叛變軍事領袖的談判。他的策略就是不斷的跟這些人談，然後在談的過程中，努力發展經濟，讓這些反叛團體真實力量的來源，就是有很多窮人、沒有機會的人，獲得緩解，這樣就可以逐步解決問題。在他的任內，菲律賓真正開始從事出口擴張的發展，尤其是電子業，很多國外的公司到菲律賓投資，電子業出口非常興旺，甚至使得匯率都開始升值。在他執政後期遇到了亞洲金融風暴，由泰國也傳到菲律賓，的確也使得菲律賓披索必須完全浮動，而且在這個過程中貶值了五十％。不過由於菲國在先前，本來並沒有像泰國一樣產生過度投資，引發泡沫化，所以當外資受到亞洲金融風暴而逐漸撤離的時候，對菲律賓的影響，也不像對泰國這麼大。基本上菲律賓在亞洲金融風暴期間的情況，比起其他國家還算理想，經濟也沒有經歷負成長。

羅慕斯任期屆滿以後，按照憲法，他不能尋求連任，雖然有人曾經建議他推動修憲連任，不過最後他放棄這麼作，他支持另外一個改革派的人物來競選一九九八年總統大選。不過在該年選舉時，冒出來一個電影明星埃斯特拉達；他專門在電影裡扮演那種被欺壓的小老百姓，突然獲得多數民眾的支持。羅慕斯在位期間，雖然作了很多事，菲律賓的貧富差距還是很大，羅慕斯基本上還是沒有改變菁英政治的結構，所以小老百姓還是覺得沒有出頭的希望。當他們看到埃斯特拉達出來競選，以為這個電影明星可以像在電影中一樣，帶他們走出貧窮，結果埃斯特拉達當選。

他上台以後，問題不斷，自己也捲入眾多貪污舞弊案，引發抗議。二〇〇一年有大規模的街頭示威，最後軍事將領也加入群眾的行列，強迫埃斯特拉達下台，由當時的副總統艾若育繼任。

持續發展中的經濟

艾若育也是政治權貴家族出身，但是他的形象比艾奎諾夫人似乎較好。他繼任當了總統以後也作了一些改革，比如說設定機制，防止政府稅吏接受賄賂，而且提高了一些稅收來平衡政府的預算，但是有些稅制改革在眾議院和最高法院都沒有通過，因為基本上這二個地方都還是菁英階級所控制，也就是大商人、大地主，他們不願意增加稅收。此外，眾議員原來可以私人名義設立發展基金，由國庫給錢讓他們去作建設，但是這些基金明顯就是要用來買通樁腳，艾若育把這個制度給廢除。

他也開放外來投資，廢除對於外國公司經營礦業的限制。在他任內，菲國信心逐漸恢復了，披索的價格在埃斯特拉達任內大幅貶值，現在又升回來了，股價也是一樣。然後在這段期間外資也回來了，電子業的出口又恢復順暢，再加上有很多菲律賓人在外面工作的匯回錢來，菲律賓的外匯又再度充足起來；不過貧富懸殊還是很嚴重，工業發展主要是集中在馬尼拉附近的幾個加工出口區，而且這幾個加工出口區中外國人投資所建立的廠商，除了僱用菲律賓的廉價勞工以外，沒有辦法在菲律賓本身建立一個上游的供應鍊，所以一直都是限於最低階的裝配，這個情況和台灣、南韓、新加坡的狀況不一樣。在台灣、南韓或者新加坡下游電子業的發展，最後都造成中游電子零件業的崛起，甚至更上游半導體業的崛起，叫做「深化」。可是在菲律賓這個現象並沒有發生，政府也沒有積極的政策，能夠讓菲律賓本土產生很多產業，製造原材料或者是零組件，讓下游的電子廠使用。

不過，因為還是有不少外資，這段期間出口還不錯，經濟成長表現也不錯。當然艾若育的基本問題還是跟艾奎諾夫人一樣，就是來自政治的權貴家族，而且媒體經常報導他的先生對政治和經濟有很大幅度的參與，在這種情況之下，還是有非常多人對他不滿，包括軍方，所以他上任以後也不平靜。在最近才又發生一個謠傳有軍事政變，還曾經進入緊急狀態；所以菲律賓的基本問題，還是有很多不能解決。事實上，菲律賓以英文為官方語言，他有相當大潛在的國際化能力，如果以後的政府，能夠維持政治的穩定，控制政府的預算，更重要的是能夠把公共建設作好，然後扶持菲律賓的本土產業，來跟下游的外商雲集的電子業接軌的話，菲律賓的未來還是有相當的希望。

印尼

獨立建國之初，強制性的指導性民主

在一九五〇年獨立建國後，獨立運動的領導人蘇卡諾順理成章的成為印尼第一任總統，當時主要的任務在於從事第二次世界大戰後的重建工作。他採取高壓式的手法，廣泛的滲透至全印尼各省份中，遭致許多的批評，整個國家也因此陷入一種不穩定的狀況。一九五七年時，印尼政府宣布戒嚴，全國陷入一陣恐慌中。當時的印尼總統稱這種統治方式為「指導性民主」，強制將批評政府的媒體、報社關閉。

由荷蘭人和華人手中奪回經濟主導權

獨立之初，印尼的經濟主要還是掌控在荷蘭人和華人的手中。獨立以後的印尼跟荷蘭之間還是有許多紛爭，其中包含荷蘭強占Pataya地方；印尼要求聯合國譴責荷蘭這種強占的行為，但聯合國未通過此案；在不滿的心態下，印尼政府鼓勵工會及勞工占領荷蘭的企業，而最後則由印尼軍方接管。總計軍方強占荷蘭九十%的農場，以及二百六十四家公司，當中包含了製造業、銀行及航運。除此以外，印尼軍方也強制禁止華人從事稻米的貿易，同時也遣送了十二多萬名華人出境。

外匯嚴重不足，導致印尼產生嚴重的通貨膨脹問題

這時印尼政府的態度是親近蘇聯，然後排荷及排華的；蘇聯在當時提供了許多資助協助印尼對抗荷蘭。除了與荷蘭的紛爭之外，印尼和馬來西亞之間也存有一些領土上的爭議，二國的關係也是處於緊張的狀態。在馬來西亞成為聯合國安理會非常任理事後，印尼索性於一九六五年退出了聯合國，也退出了世界銀行及IMF。一九六五年美國轟炸北越時，印尼政府還趁機強占了美籍企業；由於印尼政府這些舉動，沒有外資願意進入印尼。此時印尼的石油產業已有相當程度的發展，但是在國際油價不好，而且沒有外資

願意進入的情況下，印尼的外匯嚴重不足。在此情況下，從事製造生產的工廠，沒有外匯可以進口生產過程所需的零件。再加上當時荷蘭的航運公司，早已因為抗議印尼政府的行為而退出印尼，導致海島之間的交通變得非常困難。在不得已的情況下，印尼政府只好印製鈔票來解決問題，也因此造成了嚴重的通貨膨脹。

弭平印尼共產黨

印尼的經濟狀況面臨崩壞的危機，促使蘇門達臘地方政府向中央挑戰。傳聞說，蘇門達臘這個挑戰行動是受了美國的鼓勵，但是最後還是失敗。在印尼政府弭平這次的叛變之後，反美的共產黨勢力逐漸壯大。一九六三年時，共產黨開始在自己所控制的地區上進行土地改革；二年後，也就是一九六五年時，共產黨開始建立自己的軍隊，然後在逐漸強大後，甚至一度占領總統府。這個情況最後由軍事強人蘇哈托所弭平。蘇哈托利用弭平共產黨暴亂的期間，在整個印尼境內進行大規模的掃蕩，據說屠殺了五十萬人，整個印尼共產黨幾乎都被掃平了。

強勢的蘇哈托政權

一九五七年蘇哈托上台後，由於懷疑前任總統蘇卡諾和印尼共產黨有密切的關係，將其軟禁至一九七〇年死亡為止。蘇哈托執政後大幅清算蘇卡諾的舊勢力，也逮補了很多的政敵。蘇哈托規定所有政府官員都必須加入由他所領導的政黨，也就是高卡爾黨（Golkar，又稱從業集團黨）。一九七三年後，蘇哈托將其餘的非執政黨整併為二個黨，其中與伊斯蘭有關的是回教團結建設黨（UDP），非回教的是民主奮鬥黨（PDIP）。高卡爾黨在一九七四年的選舉中獲勝，但是一般認為，這不是一個競爭性的選舉結果，而是軍方威權下的一場政治秀。

重回聯合國，同時解決國內財政及貨幣面的問題

蘇哈托在政治上一改過去蘇卡諾時代親俄排美的路線，而傾向與美國結盟，疏遠蘇聯和中國大陸；在他的領導之下，印尼與馬來西亞重修過去的關係，也重回聯合國、世

界銀行、IMF。政治手段相當強硬的蘇哈托在經濟方向倒是有一些不同的作為；為了解決印尼當時通貨膨脹的問題，他聘任了一批留美的經濟學家擔任技術官僚，也通過了預算平衡法，消減公營事業的補貼和軍事支出。另外，他給予中央銀行較獨立的地位。為了吸引外資進入解決外匯不足的問題，也為了提高儲蓄率，他提高了利率，也設立了一些投資的租稅獎勵制度。他也明文保障外資免於任意被收為國有，以抹去過去國家強占荷蘭企業所留下陰影。

採取自由化的政策，讓各國重拾對印尼的信心

此時在貿易方面有相當程度的自由化。一九七一年，政府廢除了外匯方面的限制，讓匯率貶值至應有的水準。而價格管制方面，除了燃料相關物資之外，其餘的價格管制都放寬或廢除了。在這一連串的自由開放腳步下，加上外交上的轉向，西方國家與國際組織開始願意給予印尼更多的援助，協助其進行農業及其他相關建設；而華人和外資也都陸續回來。這對於印尼整體經濟來說，是一個相當正面的發展。當時，蘇哈托所領導

的政府和華人是實行合作的關係，互惠互利；不過在這段期間蘇哈托對付政敵的手段還是相當強硬，人權方面的保障還是很缺乏，引發了不少的抗議活動，華人經常成為這些活動的代罪羔羊。

身為產油國的印尼，化石油危機為轉機

在第一次國際石油危機期間，身為產油國的印尼獲得不少利益，但大部分都流入了蘇哈托家人所經營的企業，剩下來的部分才是用於改善印尼之農業技術、交通，以及人口節育。這段期間蘇哈托也大幅擴充天然氣的產量，使印尼成為全球第一大液態天然氣生產國。在農業方面，由於農業技術的發展，至一九九九年時，印尼的稻米產量已經到達可以自給自足的程度，可算是一個成功的「綠色革命」。

貧富不均造成社會與政局的不穩

此時期印尼的經濟逐漸發展起來，外商（尤其是日本）在主要大島爪哇的投資十分

熱絡，但是城鄉資源分配相當不均，社會貧富差距拉大，各地抗議事件層出不窮。人民轉向尋求宗教的力量，對於回教的狂熱逐漸升溫，其中一個著名的宗教派政黨——回教教師會（NU）——聲望日高，後來脫離了UDP。他們對於統治階層的貪腐非常不滿，甚至把華商控制的銀行和佛教廟宇炸毀。蘇哈托查察到這種社會趨勢，於是轉向為擁抱回教，將自己的名字改為回教名字，也去麥加朝聖。基於這些友好行動，Golkar和NU逐漸聯合起來。Golkar勢力逐漸強大之下，對於社會的控制和對民主人權的箝制也越大，但是印尼新興的中產階級害怕有抗議行動會演變成革命，進而影響了自己的既得利益，也就默許了這種威權體制。

提升國家出口競爭力

一九八六年第二次石油危機過後，石油價格大幅下降至一半的水準，使印尼來自石油輸出的收入減少了，但卻讓政府開始重視非石油類之勞力密集產業出口。政府對於出口廠商給予進口稅的減免，同時也讓印尼盾（Rupiah）貶值至市場水準，增加出口競爭力。在金融體系方面，政府也逐漸採行開放的政策，並大力歡迎外來的投資。一九九五年在GATT如火如荼進行的時刻，印尼響應其他東南亞國協國家的倡議，贊同成立亞洲自由貿易區，於是全面性的降低進口關稅；但是，以蘇哈托家人及親信為主的產業市場還是處於被保護的狀況。

亞洲金融風暴對於印尼的影響

在泰國發生金融風暴之初，印尼並沒有受到太大的影響，只是把匯率改為浮動而已。但是當風暴逐漸由泰國向外蔓延開來之時，外資也開始逐漸撤出印尼。在蘇哈托一直無法決定是否要接受IMF的援助下，印尼盾在一年內貶值了八十五％，造成許多企業倒閉，雅加達的股市崩盤，中產階級蒙受重大的損失，許多工人也因此失業。此時為了獲得IMF的援助，蘇哈托不得不接受IMF的要求，包含平衡預算赤字、降低民生物資之補貼等，如此一來造成國內抗議群起，也發生針對華商的嚴重暴動。蘇哈托為了平息暴動，命令軍隊開槍掃射，結果情況越演越烈，一發不可收拾，學生甚至占據了政府機關。最後為了平復民怨，蘇哈托於一九九八年五月宣布辭職，將政權交給副總統哈比比。

不穩定的政局

哈比比早年曾擔任過科技部部長，很多人認為哈比比是個喜歡搞科技的怪人，批評他好大喜功，喜歡從事一些名聲響亮，但是卻無法達到的事情，例如他認為印尼有許多島，之間的交通需要飛機，這樣的條件可以發展航空業，而熱中製造飛機，但是事實證明這不切實際。

一九九九年，也就是繼任後的隔年，哈比比在大選中失敗，由蘇卡諾女兒梅加瓦蒂所領導的黨成為最大黨，國會則選出回教組織NU的領袖瓦西德為總統。瓦西德在執政二年後就因為貪污不斷，無法有效執政，國會又認命美加瓦蒂接任總統。上任後梅加瓦蒂執政的能力位受懷疑，還是跟蘇哈托時代的大商人和軍人同流合污，在二〇〇四年的大選中梅加瓦蒂失敗，由溫和的退役將軍蘇西洛擔任總統。

哈比比就任總統雖然只有短短一年，倒是作了很多有助於民主化的措施，讓媒體獲得自由。而梅加瓦蒂在經濟方面也作了一些事，包括消減補貼、重新賣出在通貨膨脹期間被政府接管的銀行。慢慢的，在油價開始上揚之後，政府財政與預算控制方面逐漸轉好，讓印尼政府可以維持住對燃料價錢的補貼。

經濟發展之不確定性較高

一九九八年印尼經濟因為亞洲金融風暴的影響負成長了十三%，多年後至二〇〇一年才轉為正面成長，到了二〇〇四年印尼平均每人GDP才恢復到風暴前的水準。這說明了，印尼社會還是存在許多的問題，有其脆弱性。印尼政府的貪污狀態是名列亞洲之首，而金融風暴也帶給了印尼很大的創傷，並未完全恢復，因此整體而言，比起其他亞洲國家，印尼未來的不確定是相對較高的。不過，到目前為止，蘇西洛所領導的政府，其表現還算穩定；他削減了對於燃料的補貼，成功的面對了幾件重大災變，包含大海嘯、地震、巴厘島的恐怖攻擊、澳大利亞駐雅加達使館爆炸案。在亞齊省的自治運動方面，他與其首領達成協議。同時，他還推動「反貪瀆」運動，導致不少位前任高官被捕或被起訴；這些都是不錯的進展。